权益保障

"60岁开始读"科普教育丛书

上海市学习型社会建设与终身教育促进委员会办公室　**指导**
上海科普教育促进中心　**组编**
殷啸虎　邹小新　**主编**

复旦大学出版社
上海科学技术出版社
上海科学普及出版社

"60岁开始读"科普教育丛书

编 委 会

编委会主任　　袁　雯

编委会副主任　庄　俭　郁增荣

编委会成员　　（按姓氏笔画排序）
　　　　　　　牛传忠　王伯军　凤慧娟　李　唯
　　　　　　　姚　岚　夏　瑛　蔡向东　熊仿杰

指　　　导　　上海市学习型社会建设与终身教育促进委员会办公室

组　　　编　　上海科普教育促进中心

本 书 主 编　　殷啸虎　邹小新

本 书 撰 写　　殷啸虎　邹小新　倪　娟　吴　玥　王　磊

总 序

党的十八大提出了"积极发展继续教育,完善终身教育体系,建设学习型社会"的目标要求,在国家实施科技强国战略、上海建设智慧城市和具有全球影响力科创中心的大背景下,科普教育作为终身教育体系的一个重要组成部分,已经成为上海建设学习型城市的迫切需要,也成为更多市民了解科学、掌握科学、运用科学、提升生活质量和生命质量的有效途径。

随着上海人口老龄化态势的加速,如何进一步提高老年市民的科学文化素养,通过学习科普知识提升老年朋友的生活质量,把科普教育作为提高城市文明程度、促进人的终身发展的方式已成为广大老年教育工作者和科普教育工作者共同关注的课题。为此,上海市学习型社会建设与终身教育促进委员会办公室组织开展了老年科普教育等系列活动,而由上海科普教育促进中心组织编写的"60岁开始读"科普教育丛书正是在这样的背景下应运而生的一套老年科普教育读本。

"60岁开始读"科普教育丛书,是一套适合普通市民,尤其是老年朋友阅读的科普书籍,着眼于提高老年朋友的科学素养与健康生活意识和水平。第三套丛书共5册,涵盖了健康体检、运动健身、权益保障、旅游摄影、玩转手机等方面,内容包括与老年朋友日常生活息息相关的科学常识和生活知识。

这套丛书提供的科普知识通俗易懂、可操作性强,能让老年朋友在最短的时间内学会并付诸应用,希望借此可以帮助老年朋友从容跟上时代步伐,分享现代科普成果,了解社会科技生活,促进身心健康,享受生活过程,更自主、更独立地成为信息化社会时尚能干的科技达人。

前 言

老年人权益保障是当今社会法治建设的突出问题之一,随着社会和家庭结构的变化,老年人的权益保障所面临的问题也日趋多元化。一方面,随着社会的发展和文明的进步,老年人的物质和精神需求不断增加,法律意识也不断增强;另一方面,作为社会弱势群体的老年人的合法权益也不断受到来自各方面的影响,各类发生于家庭内外的侵害老年人权益的事件不断发生。这中间固然有多方面的因素,但老年人自身的法律知识不足、维权意识不强,无疑是一个重要因素。2016年5月27日习近平在中共中央政治局第三十二次集体学习时指出:要在全社会开展人口老龄化国情教育、老龄政策法规教育,引导全社会增强接纳、尊重、帮助老年人的关爱意识和老年人自尊、自立、自强的自爱意识。

由于老年人权益保障所涉及的问题很多,我们挑选了老年人日常生活中常见或者经常会遇到的一些相关问题做了介绍。殷啸虎和江苏金渠律师事务所的邹小新、倪娟、吴玥、王磊等分别撰写了初稿,殷啸虎、邹小新进行了修改、定稿。上海尔立律师事务所高级合伙人曹竹平律师参与了本书大纲的讨论,特此致谢。

目 录

1. 为什么要专门立法保护老年人的权益？/ 2
2. 为什么老年人要带头遵纪守法？/ 4
3. 老年人可以享受哪些社会优待措施？/ 6

一、婚姻家庭篇 / 9

4. 为什么提倡老年人再婚前对财产进行约定或公证？/ 10
5. 老年人再婚后离婚时财产应该如何依法分割？/ 12
6. 为什么老人再婚约定互不扶养无效？/ 14
7. 为什么子女不能干涉父母再婚？/ 16
8. 为什么子女不能因为父母离婚拒绝履行赡养义务？/ 18
9. 为什么子女应当"常回家看看"？/ 20
10. 父母未尽抚养义务，子女为此可拒绝履行赡养义务吗？/ 22
11. 子女称自己非父母亲生就可以不赡养父母吗？/ 24
12. 为什么子女放弃了继承权还要尽赡养义务？/ 26
13. 为什么孙子女也应当赡养老人？/ 28
14. 为什么解除了收养关系也应履行赡养义务？/ 30
15. 委托老年公寓照顾老年痴呆的父亲，是否属于不赡养老人？/ 32
16. 家丑一定不能外扬吗？/ 34
17. 为什么要对丧失行为能力的老年人指定合适的监护人？/ 36
18. 为什么老年人对另一半因赌博欠债不负还债义务？/ 38
19. 公证遗嘱可以撤销或更改吗？/ 40

二、遗产继承篇 / 43

20. 老人能否继承再婚配偶的遗产？/ 44
21. 为什么养子女能继承养父母的遗产？/ 46
22. 为什么子女先于父母去世后，孙子女能继承祖父母的遗产？/ 48
23. 为什么丧偶儿媳尽了主要赡养义务后，能继承前公婆的遗产？/ 50
24. 为什么老年人可以用遗嘱剥夺法定继承人的继承权？/ 52
25. 为什么老年人可以将遗产赠与法定继承人以外的人？/ 54
26. 为什么将遗产赠与"第三者"无效？/ 56
27. 为什么老年人签订的遗赠扶养协议与所立遗嘱冲突时，应以遗赠扶养协议为准？/ 58
28. 为什么危急情况下订立的口头遗嘱有效？/ 60
29. 为什么老人因医疗事故死后所得的赔偿金不能作为遗产分割？/ 62
30. 儿子交通事故身亡，年迈的父母能否主张索要扶养费？/ 64

三、人身保险篇 / 67

31. 养老金（退休金）可以异地领取吗？/ 68
32. 老年人购买人寿保险要注意哪些问题？/ 70
33. 为什么未经被保险人签字认可的人寿保险合同无效？/ 72
34. 为什么投保人应履行如实告知义务？/ 74
35. 怎样指定和变更人寿保险中的受益人？/ 76

四、风险防范篇 / 79

36. 为什么老年人跟团出游时摔伤，能要求旅行社承担赔偿责任？/ 80

37. 为什么老年人在商场摔伤,商场要承担赔偿责任? / 82
38. 为什么老年人免票乘坐公交车时受伤,也能获得赔偿? / 84
39. 老年人购买保健品遭遇欺诈,怎样寻求救济? / 86
40. 为什么老年人就医时要防范"医托"诈骗? / 88
41. 老年人应该怎样防范金融诈骗? / 90
42. 为什么饲养宠物的老年人,要特别防范宠物伤害他人? / 92
43. 为什么骂死老人也要承担法律责任? / 94

五、邻里关系篇 / 97

44. 面对"广场舞"扰民应该怎么办? / 98
45. 为什么老年人不应在小区公共绿化带内挖地种菜? / 100
46. 为什么居住在高层的老年人特别要注意不能高空抛物? / 102
47. 为什么老年人要积极参与社会活动? / 104

六、社会保障篇 / 107

48. 为什么职工养老保险缴费年限不足可以补缴? / 108
49. 为什么子女不能擅自将老年人委托给养老机构照料? / 110
50. 为什么退休后被返聘老年人能继续领取养老保险金? / 112
51. 为什么职工退休后确诊职业病也算工伤? / 114
52. 退休人员的基本养老金应该如何计算? / 116

2 权益保障

1. 为什么要专门立法保护老年人的权益？

老年人是社会中的一个特殊群体,敬老爱老,是中国优秀的文化传统。"树欲静而风不止,子欲养而亲不在""父母在,不远游"……这些耳熟能详的古话,揭示了父母与子女之间血脉相连的亲情关系。赡养自己的父母本来是天经地义的事情,但随着时代的发展、社会环境的变化,传统家庭观念和道德观念受到影响,不可避免地对父母与子女等家庭成员之间的亲情关系也产生了影响,老年人权益的保障面临着来自多方面的挑战。

在司法实践中,侵犯老年人财产权、赡养权、扶助权、婚姻自主权等权利的案件,是关乎老年人权益的常见、高发案件。例如,因遗产继承而侵犯老年人财产权的纠纷;子女以赡养为借口,或同住人以扶助照料老年人生活为名,攫取老年人财产;或在迁入户口、变更房产登记目的达到后,遗弃、虐待老年人;老年人再婚又离婚所引发的财产分割纠纷;独居老人的精神赡养问题,等等。

2011年8月,全国人大常委会老年人权益保障法执法检查组就检查结果,提出"三个缺乏,一个没有"的意见,即：对我国老龄化快速发展态势缺乏思想准备,对老龄化将给经济社会发展带来的深刻影响缺乏足够预见,对应对老龄化的战略谋划缺乏应有重视,导致老龄工作还没有摆上重要位置,使得老年人权益保护也面临了许多新情况、新问题。

因此,健全和完善相关立法,明确规定和保障老年人特有的权利,是尊重和保障人权、构建和谐社会的迫切需要。新修订的《老年人权益保障法》自2013年7月1日起正式实施,此次修改的

老年人权益保障法的亮点在于将积极应对老龄化的理念贯穿始终,在敬老、养老的基础上,增加了"助老"的内容,拓宽了老年人权益保障的范畴,强化了对老年人权益保障的力度。

小贴士

《老年人权益保障法》第一条 为了保障老年人合法权益,发展老龄事业,弘扬中华民族敬老、养老、助老的美德,根据宪法,制定本法。

《老年人权益保障法》第二条 本法所称老年人是指六十周岁以上的公民。

4 权益保障

2. 为什么老年人要带头遵纪守法？

遵纪守法是每个公民应尽的义务和社会责任，也是作为一个公民的基本要求，老年人自然也不能例外。但在现实生活中，有的老年人觉得自己阅历丰富，漠视和淡化法律规则；也有的倚老卖老，认为自己是老年人，即便违反了法律，也应该网开一面；更有个别老人无视法律，公然违法，而且违法之后还强词夺理，拒不认错。

小案例

南京交警开展非机动车、行人交通违法行为整治时，一位六十多岁的大妈迎着红灯，淡定地穿行在疾驰的车流中。交警赶忙跑上前，将她拦下，大妈冲着交警发火说："你拦我干吗？"警察告诉她说："你闯红灯了。"没想到大妈竟然不以为然地说："闯红灯怎么了？我都闯了几十年了，要你管？"

我国《道路交通安全法》明确规定：行人通过路口或者横过道路，应当走人行横道或者过街设施；通过有交通信号灯的人行横道，应当按照交通信号灯指示通行。遵守交通法规，是每一个公民应尽的义务，老年人自然不应当例外。敬老爱老是中华民族的优秀美德，但是尊重也是相互的。国家及社会对老年人的尊重，不应该成为老年人不遵纪的借口。不能以自己的违法行为，破坏社会的法律秩序，也败坏了社会风气。

其实，从根本上说，老年人遵纪守法，也是为了更好地保护自身的利益。就拿闯红灯这件事来说，老年人由于身体不灵活，腿脚不灵便，是交通行为中的弱者，一旦因为违反交通规则而发生了交通事故，不仅会给自己带来伤害，也会给家人带来影响；如果不幸因此发生伤亡，不仅会给自己的家人造成巨大的痛苦，也会影响肇事司机正常的工作和生活，害人又害己。

年高德劭，德高望重，这些评价老年人的话，让人感到老年人的尊贵；也正因为如此，老年人更应当带头遵纪守法，这不仅有利于维护自身的权益，也能够为营造一个遵纪守法的良好生活氛围起到模范带头作用。

小贴士

《宪法》第三十三条　中华人民共和国公民在法律面前一律平等。

《老年人权益保障法》第十一条　老年人应当遵纪守法，履行法律规定的义务。

6　权益保障

3. 老年人可以享受哪些社会优待措施？

为了更好地保障老年人的合法权益,新修订的《老年人权益保障法》增加了有关老年人所特别享有的社会优待措施。

(1) 关于老年人社会保障方面的优待措施。为了使国家和社会关于养老保障方面的各项政策和措施落到实处,专门新规定了两项措施：一是关于养老保险全国统筹和异地领取养老金。目前养老保险可以跨地区转移,但养老保险全国统筹方面还面临许多问题,有待于逐步解决；二是退休人员异地报销医药费,以方便享受基本医疗保险的异地就医人员的医疗费用结算。

(2) 与老年人日常生活以及权益相关的重大事项,如房屋权属关系变更、户口迁移等,在办理时应当询问老年人的意见,并可以优先办理,通过简化程序、缩短办理时间等多种方法,为老年人提供方便。

(3) 为老年人的司法活动提供特别的帮助,主要有：一是在涉及涉老拆迁、家庭财产纠纷等有关老年人合法权益受到侵害而提起诉讼时,如果老年人交纳诉讼费确有困难的,可以缓交、减交或是免交；二是老年人需要获得律师帮助,却又无力支付律师费的,可以获得法律援助；同时,鼓励律师事务所、公证处、基层法律服务所和其他法律服务机构为经济困难的老年人提供免费或者优惠服务。

(4) 为老年人的医疗提供优待和方便,主要有：一是为老年人就医提供方便,对老年人就医予以优先；二是在有条件的地方,可以为老年人设立家庭病床,开展巡回医疗、护理、康复、免费体检等方面的服务；三是提倡为老年人进行义诊。

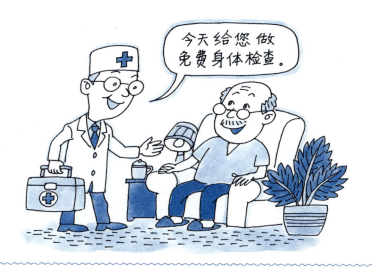

(5) 为老年人的生活服务提供优待,主要有:一是提倡与老年人日常生活密切联系的相关服务行业,如餐饮、理发等,为老年人提供优先、优惠服务;二是城市公共交通、公路、铁路、水路和航空客运等与老年人出行相关的服务,应当为老年人提供优待和照顾。

(6) 为老年人的文化生活提供优待,主要是:博物馆、文化馆、公共图书馆、公园和旅游景点等公共场所,应当对老年人免费或者优惠开放。

一、婚姻家庭篇

10 权益保障

4. 为什么提倡老年人再婚前对财产进行约定或公证？

随着我国人口素质和社会文明程度的提高，老年人再婚已被广泛接受。但与此同时，因再婚后又离婚而引发的财产纠纷也不断增加。在这种情况下，为了避免纠纷，提倡老年人再婚前对财产进行公证或财产进行婚前约定就显得很有必要了。

小案例

王老师今年60岁，与前妻生有一子一女，前妻已于10年前病故。王老师于1990年倾其一生积蓄，在上海某区买了一套二室一厅的套房，现价值300多万元，独自居住。后来他经人介绍，认识了陈女士。陈女士是位工程师，刚办了退休手续，丈夫于前几年去世了，有两个女儿，均已成家。陈女士独自居住在别墅里，而且还有一套祖传的价值500余万元的明清家具。双方接触后，都觉得挺合适，于是同子女商议准备结婚，双方子女都没有太大意见，只是对今后如何处理他们各自的婚前财产有所顾虑。

于是，两家一齐到公证处，对两位老人各自的财产作婚前财产的书面约定，并进行婚前财产公证。手续办妥之后，双方的顾虑也得到消除，开开心心地举办了婚礼。如今两人幸福地生活在一起，安享晚年。

老年人再婚之前明确约定各自的财产，可以避免婚后夫妻双方的财产争议，同时也可以避免子女因担心自己的利益受到损害而阻挠父母再婚。因此，对财产进行确定时，必须明确婚前财产

一、婚姻家庭篇

的范围：有应属于子女对已亡故的父母或者目前的遗产进行继承的份额的，应当先予以分割；老人原来同子女住在一起的，也应在再婚前明确房屋等相关财产的权属，以避免再婚后引发不必要的争议。

小贴士

《婚姻法》第十八条　有下列情形之一的，为夫妻一方的财产：
（一）一方的婚前财产；……

《婚姻法》第十九条　夫妻可以约定婚姻关系存续期间所得的财产以及婚前财产归各自所有、共同所有或部分各自所有、部分共同所有。约定应当采用书面形式。没有约定或约定不明确的，适用本法第十七条、第十八条的规定。夫妻对婚姻关系存续期间所得的财产以及婚前财产的约定，对双方具有约束力。

12 权益保障

黄昏恋一度给人温暖美好的感觉,可是它也给不少再婚的老年人带来烦恼忧愁,甚至会在老年人再婚后离婚时的财产分割问题上引发矛盾纠纷。

5. 老年人再婚后离婚时财产应该如何依法分割?

小案例

近日,厦门一位87岁的退休教师要求和再婚妻子离婚。八旬老人闹离婚,这到底是怎么回事呢?原来自从老人被查出患癌后,妻子要求老人写下遗嘱,财产必须全部划分给妻子本人,遭到老人拒绝。更过分的是,妻子怕老人进行遗嘱公证,将他的身份证等个人证件全部隐藏。老人忍无可忍,于是向法院提出离婚。如果离婚,老人与再婚妻子的财产应该如何分割呢?

对于老年人再婚后又离婚的,老年夫妻财产的分割,应根据我国《婚姻法》和最高人民法院关于离婚案件处理财产分割问题相关司法解释的规定,分清婚前个人财产、夫妻共同财产和家庭财产,坚持男女平等、保护妇女儿童的合法权益、照顾无过错一方、遵循当事人的意愿、有利生产、方便生活的原则,合情、合理、合法地予以解决。需要特别指出的是,无工资收入的家庭妇女对共同财产有同样的平等分割权,同时应该适当照顾生活困难的一方,尤其是女方。

一、婚姻家庭篇

小贴士

《婚姻法》第十七条　夫妻在婚姻关系存续期间所得的下列财产,归夫妻共同所有:(一)工资、奖金;(二)生产、经营的收益;(三)知识产权的收益;(四)继承或赠与所得的财产,但本法第十八条第三项规定的除外;(五)其他应当归共同所有的财产。夫妻对共同所有的财产,有平等的处理权。

《婚姻法》第十八条　有下列情形之一的,为夫妻一方的财产:……(二)一方因身体受到伤害获得的医疗费、残疾人生活补助费等费用;(三)遗嘱或赠与合同中确定只归夫或妻一方的财产;(四)一方专用的生活用品;(五)其他应当归一方的财产。

《婚姻法》第十九条　……夫妻对婚姻关系存续期间所得的财产约定归各自所有的,夫或妻一方对外所负的债务,第三人知道该约定的,以夫或妻一方所有的财产清偿。

14 权益保障

6. 为什么老人再婚约定互不扶养无效?

小案例

陈阿姨今年65岁,与前夫有两个女儿,前夫于5年前病故。经人介绍与丧偶的王老伯相识,经过一年多的相处,双方同意结婚。但双方的子女都不同意,并表示不愿意赡养对方的父母。为消除子女的顾虑,王老伯草拟了一份协议,主要内容为"婚后各自经济独立,相互之间无扶养义务,发生重大疾病自己负担不了时由各自的子女负担",陈阿姨也同意并签字。在签字后的次日,陈阿姨和王老伯办理了结婚登记。那么,协议中有关"相互之间无扶养义务"的内容是否有效?

男女双方结婚时,可对双方的婚前财产、婚后财产的所有关系以及家务负担等事宜作出约定,但所作的约定不得违反法律的强制性规定,不得违背公序良俗。陈阿姨和王老伯再婚,可以对双方婚前的财产和婚后的财产进行约定,但根据我国《婚姻法》规定,夫妻有互相扶养的义务。一方不履行扶养义务时,需要扶养的一方,有要求对方给付扶养费的权利。因此,夫妻之间具有经济上供养和生活上扶助的法定权利和义务,陈阿姨和王老伯之间签订的"互不扶养的义务"明显违反了我国《婚姻法》的强制性规定,因而不具有法律效力。

不论初婚还是再婚,婚姻关系存续期间,无论哪一方生病或者发生经济困难,另一方都应当尽扶养义务,包括生活上的照料、精神上的慰藉、经济上的帮助等。

一、婚姻家庭篇

小贴士

　　《婚姻法》第二十条　夫妻有互相扶养的义务。一方不履行扶养义务时,需要扶养的一方,有要求对方给付扶养费的权利。

　　《老年人权益保障法》第二十三条　老年人与配偶有相互扶养的义务。由兄、姐扶养的弟、妹成年后,有负担能力的,对年老无赡养人的兄、姐有扶养的义务。

　　《民法通则》第七条　民事活动应当尊重社会公德,不得损害社会公共利益,扰乱社会经济秩序。

16 权益保障

7. 为什么子女不能干涉父母再婚?

丧偶老人为了寻求心理和精神安慰而萌生再婚的愿望,这本来是一件很正常的事情,但往往会受到子女的反对甚至是阻止,从而使得再婚困难重重。

小案例

年逾60岁的李女士年轻时丧夫,含辛茹苦把儿子带大。儿子毕业成家后在外地定居,李女士渐渐觉得生活孤独无人陪伴。去年李女士在社区组织的老年活动中结识了王先生,两人年龄相当,背景相似,生活中互帮互助,渐渐有了结婚共同生活的想法。李女士将这个消息告诉儿子后,非但没有得到儿子的理解与支持,反而遭到强烈反对,母子发生激烈争执。李女士的儿子反对母亲再婚,可能有他自己的理由,但是,他有权阻止李女士再婚吗?

婚姻自由是婚姻法的首要原则,不仅年轻人享有婚姻自由的权利,老人同样享有婚姻自由的权利。就子女而言,应当尊重父母再婚的权利,不得干涉父母再婚以及婚后的生活,不得因父母再婚而索要、藏匿、扣押父母的合法财产或者有关证件,不得限制再婚父母合法居住的权利;子女对父母的赡养义务,不因父母的婚姻关系变化而终止。如果子女用暴力手段干涉父母再婚的,依照我国《刑法》的规定,构成暴力干涉婚姻自由罪,依法要追究其刑事责任。当然,如果子女同父母在这一问题上意见不一,最好的办法是通过沟通和交流,听取对方的意见和建议,理性、妥善、

一、婚姻家庭篇

合法地解决矛盾和分歧。

> 因此,老年人的婚姻自由同样受到法律的保护,子女应当尊重父母的选择,不能阻止父母再婚,同样也不能强迫父母再婚。

小贴士

《婚姻法》第二条 实行婚姻自由、一夫一妻、男女平等的婚姻制度。

保护妇女、儿童和老人的合法权益。

《婚姻法》第三十条 子女应当尊重父母的婚姻权利,不得干涉父母再婚以及婚后的生活。子女对父母的赡养义务,不因父母的婚姻关系变化而终止。

《老年人权益保障法》第二十一条 老年人的婚姻自由受法律保护。子女或者其他亲属不得干涉老年人离婚、再婚及婚后的生活。赡养人的赡养义务不因老年人的婚姻关系变化而消除。

18 权益保障

8. 为什么子女不能因为父母离婚拒绝履行赡养义务?

小案例

家住上海的杨女士今年61岁,她和老伴张先生相处了大半辈子,也是吵吵闹闹了大半辈子。原来,张先生个性倔强,脾气火爆,总为一些小事儿就和杨女士吵架,年轻的时候考虑子女的成长环境,夫妻俩都未提出离婚。等到儿子、女儿结婚都有了自己的孩子,各自事业有成,家庭完美,而杨女士和张先生吵架依旧是家常便饭。杨女士思来想去,现在也没有什么牵挂和羁绊了,便向张先生提出离婚。张先生虽然表示同意,但不愿到民政局办理离婚手续。儿子和女儿得知后,坚决反对他们离婚,并威胁父母,若二老离婚,将不会赡养他们。杨女士为此比较纠结,如果坚持离婚,自己也是一把年纪,子女不赡养,未来的生活可能失去保障。那么,杨女士和张先生离婚后,儿女真的有权不再赡养离婚的父母吗?

父母与子女之间的亲子关系是家庭关系的重要组成部分,父母与子女的关系不能因父母离婚而解除;父母离婚,子女仍是父母的子女,不因父母离婚而改变;子女对父母的赡养关系,也不因父母的婚姻关系变化而终止。杨女士如果坚持离婚,离婚后在缺乏劳动能力又缺乏生活来源的情况下,子女若拒不支付赡养费,她有权起诉追索赡养费。子女对父母的赡养义务为法定义务,是不能免除的,因此子女不能因为父母离婚而拒绝履行赡养义务。

一、婚姻家庭篇

小贴士

《婚姻法》第三十六条 父母与子女间的关系,不因父母离婚而消除。离婚后,子女无论由父或母直接抚养,仍是父母双方的子女。

《老年人权益保障法》第十九条 赡养人不得以放弃继承权或者其他理由,拒绝履行赡养义务。赡养人不履行赡养义务,老年人有要求赡养人给付赡养费等权利。赡养人不得要求老年人承担力不能及的劳动。

《老年人权益保障法》第二十一条 老年人的婚姻自由受法律保护。子女或者其他亲属不得干涉老年人离婚、再婚及婚后的生活。赡养人的赡养义务不因老年人的婚姻关系变化而消除。

20　权益保障

9. 为什么子女应当「常回家看看」?

子女对父母有赡养的义务,这种义务不仅是经济上的供养,在今天更多地体现在精神上的抚慰。特别是那些老伴离世、子女又不在身边的独居老人,尤其需要子女精神上的关心和慰藉。这种精神上的慰藉是多方面的,包括经常回家探望或电话联系,与父母多沟通交流,帮助父母解决困难等。

小案例

年近八旬的李老伯是一名退休公务员,共生育一女一子,20年前就与妻子离婚,独自一人租住在上海。儿子患有精神疾病,小女儿张女士居住于上海,5年前也已离婚,目前处于失业状态。2014年10月,李老伯起诉至法院,要求张女士每月支付其生活费1 500元;负担其2014年以前的住院医疗费1 600余元以及2014年以前的护理费5 000元;并要求张女士每两个月探望其一次,每逢春节、中秋节、重阳节、其生日各探望一次。

法院审理后认为,子女对父母有赡养扶助的义务,赡养人应当履行对老年人经济上供养、生活上照料和精神上慰藉的义务。在物质赡养方面,李老伯系退休公务员,享有每月较高退休工资并参加医保,按照上海市居民平均生活标准,其日常生活亦足以获得保障,亦能覆盖其至今为止的医疗费用。相反,张女士自离异后至今单身,目前仍失业,为李老伯负担经济费用力有不逮。故对于李老伯要求其每月负担生活费1 500元及部分医疗费、护

理费的诉请,法院难以支持。

但法院认为,在精神慰藉方面,子女应给予父母在物质供养之外更多的精神关怀。李老伯已近八十高龄,身体不再康健如昔,对于子女精神上的理解、尊重、关心、体贴的需求更为强烈。其目前租住在上海,在年老体弱时,对同样居住于上海的张女士比对其他子女有着更强的心理期待与依赖。故李老伯提出要求张女士定期探望的诉请于法有据,符合伦理,具体探望次数亦合情合理,故法院予以支持。

小贴士

《老年人权益保障法》第十八条 家庭成员应当关心老年人的精神需求,不得忽视、冷落老年人。与老年人分开居住的家庭成员,应当经常看望或者问候老年人。

22　权益保障

10. 父母未尽抚养义务，子女为此可拒绝履行赡养义务吗？

小案例

20世纪70年代，朱某出生不久，母亲因嫌弃家里贫穷，就离开朱某的父亲改嫁他人，从此也与家里断了联系。朱某从小由其父亲和爷爷奶奶养大，直到2015年底，朱某第一次见到了他的母亲。因为朱某的母亲改嫁后没有再生孩子，一直靠她的第二任丈夫生活。她的第二任丈夫在前不久因病去世，朱某的母亲因为年迈孤苦无依，就回来找朱某和她的第一任丈夫，想和朱某等人团聚，也好让朱某能尽赡养义务。这件事情遭到朱某等人拒绝。朱某认为母亲从来没有抚养过他，他有权拒绝赡养。母亲无奈将朱某告上法院追索赡养费。

法院认为，亲生父母子女之间有法定抚养、赡养义务，这种义务不因为任何情形和理由而改变。朱某母亲没有抚养过朱某，确实违反了法律规定，但朱某不能因为母亲的过错而免除自己的赡养义务。《婚姻法》规定了父母子女之间互相扶养的对等的权利义务，但这不是说这两个权利之间必须是相互对应的，子女也绝不能以父母是否对自己履行抚养教育义务而作为其履行赡养父母义务的前提条件。赡养父母作为法律明文规定的一项义务，具有法律上的强制性。虽然朱某的母亲对朱某没有尽抚养义务，但法律并没有规定父母对子女未履行抚养义务，子女就可以免除对父母的赡养义务。

一、婚姻家庭篇

朱某母亲已年迈,在缺乏劳动能力又缺乏生活来源的情况下,朱某应当履行赡养的义务。为此,法院判决要求朱某对母亲履行经济上供养、生活上照料和精神上慰藉的义务。

小贴士

《婚姻法》第二十一条 父母对子女有抚养教育的义务;子女对父母有赡养扶助的义务。父母不履行抚养义务时,未成年的或不能独立生活的子女,有要求父母付给抚养费的权利。子女不履行赡养义务时,无劳动能力的或生活困难的父母,有要求子女付给赡养费的权利。

《老年人权益保障法》第十四条 赡养人应当履行对老年人经济上供养、生活上照料和精神上慰藉的义务,照顾老年人的特殊需要。赡养人是指老年人的子女以及其他依法负有赡养义务的人。

24 权益保障

11. 子女称自己非父母亲生就可以不赡养父母吗?

小案例

前不久,一则寻亲启事在网络上广泛转发,一名女子称自己40多年前因为她的养父和生父闹矛盾,养父母把她偷走。如今她想找到亲生父母,和他们团聚。然而,记者和寻亲者的"养母"取得联系,"养母"却称女儿是她亲生的,并非抱养。"养母"还质疑,女儿之所以这样做,是不想继续赡养她,所以编出谎话。

事实究竟如何暂且不论,但有一点是可以肯定的,那就是无论该女子是否为"养母"亲生,都应当履行赡养的义务。即便该女子寻亲启事所说的都是真实的,那么她与"养母"之间也已构成事实上的收养关系。依照相关规定,虽未办理合法手续,也应按收养关系对待,与自己亲生父母的权利义务因收养关系的成立而消除。养父母已对她尽了抚育、教育义务,同样,她对养父母应当有赡养扶助义务。即便是收养关系解除后,经养父母抚养的成年养子女,对缺乏劳动能力又缺乏生活来源的养父母,也应当给付生活费。因此,如果该女子拒绝履行赡养义务,她的"养母"有权要求她履行赡养的义务,可以通过司法途径解决。

小贴士

1984年最高人民法院《关于贯彻执行民事政策法律若干问题

一、婚姻家庭篇

的意见》第四条 亲友、群众公认,或有关组织证明确以养父母与养子女有关系长期共同生活的,虽未办理合法手续,也应按收养关系对待。

《婚姻法》第二十六条 国家保护合法的收养关系。养父母和养子女间的权利和义务,适用本法对父母子女关系的有关规定。

《收养法》第二十三条 自收养关系成立之日起,养父母与养子女间的权利义务关系,适用法律关于父母子女关系的规定;……

《收养法》第二十九条 收养关系解除后,经养父母抚养的成年养子女,对缺乏劳动能力又缺乏生活来源的养父母,应当给付生活费。因养子女成年后虐待、遗弃养父母而解除收养关系的,养父母可以要求养子女补偿收养期间支出的生活费和教育费。

12. 为什么子女放弃了继承权还要尽赡养义务?

> 我国法律规定子女有赡养父母的义务,这种法定义务是无条件的,子女不得以任何理由拒绝履行。

小案例

李先生今年 67 岁,老伴已去世。他有两个儿子,其中大儿子结婚后独立生活,小儿子没有住房,和李先生住在一起并承担照料他的义务。2015 年底,小儿子失业,李先生因交通事故致残,生活困难,看到小儿子经济上越来越困难,李先生就找到大儿子,要他以后承担一部分赡养费。但大儿子以老二住在父亲名下的房屋,以后他不参与房子的继承为由,拒绝给父亲赡养费。他认为,既然老二得了房子,就应该老二一家赡养父亲。李先生非常伤心,大儿子这样做有道理吗?

其实,大儿子的说法是完全错误的。赡养父母是子女的法定义务,而继承父母遗产是子女的法定权利。通常情况下,赡养人一般也同时是法定继承人。但根据法律的原则和精神,权利是可以选择的。对于父母的遗产,子女可以选择继承,也可以放弃继承;而义务是必须履行的,不能因为放弃继承权而免除赡养的义务。即便赡养人放弃了继承权,但同样应当依法履行赡养的义务。因此,虽然李先生的大儿子表示放弃房屋的继承权,但这只能产生继承权放弃的法律效力,并不能依此为由拒绝履行赡养义务。

一、婚姻家庭篇

小贴士

《婚姻法》第二十一条　父母对子女有抚养教育的义务；子女对父母有赡养扶助的义务。

《老年人权益保障法》第十九条　赡养人不得以放弃继承权或者其他理由，拒绝履行赡养义务。

赡养人不履行赡养义务，老年人有要求赡养人给付赡养费等权利。

《老年人权益保障法》第七十五条　干涉老年人婚姻自由，对老年人负有赡养义务、扶养义务而拒绝赡养、扶养，虐待老年人或者对老年人实施家庭暴力的，由有关单位给予批评教育；构成违反治安管理行为的，依法给予治安管理处罚；构成犯罪的，依法追究刑事责任。

28 权益保障

13. 为什么孙子女也应当赡养老人?

隔代赡养不仅是中华民族尊老敬老优良传统的体现,也是法律的一项基本要求。随着我国人口的老龄化,一方面是长寿老人越来越多,另一方面也带来了越来越多的赡养问题。有的老人自己健在,但子女却已亡故;有的老人自己很健康,但子女却身患疾病,或是因其他原因,无法履行赡养的义务。在这种情况下,这些老人能否要求孙子女赡养呢?

小案例

张阿婆今年88岁,育有一子一女,老伴几年前已去世,儿子去年也因交通事故去世,张阿婆一直独自居住。随着岁数增大,张阿婆感觉日常做饭等均难以自行完成,看到周围有的老人住进敬老院,她也想去住。但张阿婆的女儿也已经61岁,没有什么经济收入,基本靠女儿自己的子女赡养。张阿婆能否直接要求孙子女或外孙子女赡养呢?

对张阿婆这样的老人来说,根据我国的法律,首先应该由她的子女尽赡养义务,但如果子女已经死亡或者没有赡养能力的时候,就应当由孙子女或外孙子女尽赡养义务。因此,孙子女或外孙子女这种赡养义务也是法定的。如果孙子女或外孙子女应尽赡养义务的而不尽赡养义务时,老年人可以要求孙子女或外孙子女所在的组织或居民委员会调解,在调解无效的情况下,也可以直接向人民法院提起诉讼。当然,孙子女、外孙子女对祖父母、外祖父母承担赡养义务须具备以下两个条件:一是孙子女、外孙子

一、婚姻家庭篇

女应当具有负担赡养义务的能力;二是祖父母、父母的子女已经死亡或者子女无力赡养。如果子女在世并有赡养能力,或者有生活来源、生活上完全可以自理的老人,孙子女、外孙子女就可以免除赡养的义务。

小贴士

《婚姻法》第二十八条 有负担能力的祖父母、外祖父母,对于父母已经死亡或父母无力抚养的未成年的孙子女、外孙子女,有抚养的义务。有负担能力的孙子女、外孙子女,对于子女已经死亡或子女无力赡养的祖父母、外祖父母,有赡养的义务。

30 权益保障

14. 为什么解除了收养关系也应履行赡养义务？

收养，是指通过一定法律程序，将他人的子女作为自己的子女加以抚养，使原来没有直系血亲关系的人们产生了法律拟制的父母和子女关系的法律行为。从权利义务关系来说，养父母与养子女的关系与亲生父母子女关系是一样的。但收养关系解除之后，养子女对养父母还有赡养的义务吗？

小案例

20世纪60年代，王某夫妇收养了王丽为养女，并将王丽抚养成人。80年代王丽结婚后，仍与王某夫妇生活在一起。后来因为一些生活琐事，王丽与王某夫妇发生矛盾冲突，最后闹上法院。法院判决解除王某夫妇与王丽的收养关系，王丽补偿王某夫妇在收养期间支出的生活费和教育费。后来，王某夫妇以自己年迈体弱、缺乏生活来源为由，向法院提起诉讼，要求王丽给付生活费。王丽则认为既然已经解除了收养关系，就不再负有赡养王某夫妇的义务，所以不同意给付生活费。那么，王某夫妇的主张能够得到法院的支持吗？

本案所涉及的是"后赡养义务"的问题。所谓后赡养义务，是指养子女同养父母解除收养关系后，对养父母承担的赡养义务。从法律上说，收养关系的解除，并不等于赡养义务的消除。在特定条件下，养子女对原养父母依然要承担赡养的义务，也就是说，如果原养父母既缺乏劳动能力、又缺乏生活来源的情况下，养子女仍然有给付生活费的义务。当然，这种"后赡养义务"仅仅是物

一、婚姻家庭篇

质方面的,并不包括精神赡养。

小贴士

《收养法》第二十七条 养父母与成年养子女关系恶化、无法共同生活的,可以协议解除收养关系。不能达成协议的,可以向人民法院起诉。

《收养法》第三十条 收养关系解除后,经养父母抚养的成年养子女,对缺乏劳动能力又缺乏生活来源的养父母,应当给付生活费。因养子女成年后虐待、遗弃养父母而解除收养关系的,养父母可以要求养子女补偿收养期间支出的生活费和教育费。

32 权益保障

> 赡养老人是子女的法定义务。对于一些身体健康状况特殊的老人,委托专门机构进行照顾,也属于赡养老人的一种方式。

15. 委托老年公寓照顾老年痴呆的父亲,是否属于不赡养老人?

小案例

王某的父亲和母亲属于再婚,王某的父亲与前妻育有一女(王某的姐姐)已出嫁。王某的父亲脾气一直不好,王某表示从其有记忆以来,父亲一直打她的母亲,还经常辱骂母亲。王某成家后也与父母住在一起。后来,王某的父亲到医院检查,被诊断为脑积水、脑萎缩、老年痴呆。王某的母亲身体也不好,脑溢血住过两次医院,至今脑部还放有7个止血栓。王某要上班,还有孩子需要照顾,实在没有精力去照顾父亲,于是王某想把父亲送到老年公寓。可是王某的姐姐不同意这样做,也不同意将父亲带回自己家照顾。王某姐姐表示,如果王某将父亲送到老年公寓,她就会向法院起诉王某不履行赡养义务。法院会支持王某的姐姐吗?

依照《老年人权益保障法》的相关规定,对生活不能自理的老年人,赡养人应当承担照料责任。因此王某的姐姐作为赡养人之一,同样也应当履行照料不能自理的父亲的义务。此外,对于因各种原因不能亲自照料老人的,可以按照老年人的意愿委托他人或者养老机构进行照料。而对于一些患有特殊病症的老人,则最好委托专门的养老机构进行照料。因此,从王某的实际情况和父亲的养老需要来看,王某将父亲送到老年公寓养老是正确的,可

一、婚姻家庭篇

以使患有老年痴呆的父亲得到更好的照料和护理,当然也属于已经履行了赡养义务。

小贴士

《老年人权益保障法》第十五条 赡养人应当使患病的老年人及时得到治疗和护理;对经济困难的老年人,应当提供医疗费用。对生活不能自理的老年人,赡养人应当承担照料责任;不能亲自照料的,可以按照老年人的意愿委托他人或者养老机构等照料。

16. 家丑一定不能外扬吗?

不少老人遭受子女和家人虐待后,出于所谓"家丑不可外扬"的考虑,担心毁坏子女和家人的名声,往往会选择委曲求全、忍气吞声。这时往往会适得其反,使得子女或家人的虐待行为变本加厉。

小案例

丁奶奶今年 76 岁,育有两女一子,老伴走得早,平时她同儿子和儿媳一起住。但就在近日,儿媳突然对丁奶奶有了过激的举动,直接导致老人的脚骨折,躺倒在床上。丁奶奶的二女儿王某表示,母亲和弟媳平日里关系就不太好,以前也有过类似的过激行为。丁奶奶对待儿子和儿媳的不孝做法,宁肯"打碎门牙往肚里咽",也不愿意寻求相关部门的帮助,不愿让别人知道儿子、儿媳对自己的虐待行为。

丁奶奶不愿意将家丑外扬的做法,并没有使儿媳有所收敛,客观上甚至还助长了儿媳的气焰。在这种情况下,尽管丁奶奶出于面子上的考虑,但她的两个女儿可以向居委会反映,由居委会出面调解;也可以直接向公安机关反映,给予施暴人行政处罚;若情节较为严重,甚至可以向法院起诉,追究施暴人的刑事责任。

让受虐老人摆脱困境,需要社会的帮助,特别是妇联、法律援助中心、社区居委会等应该加强对被侵害人的救助,树立尊敬老人的良好道德观念,鼓励老人拿起法律武器保护自己的合法权益。

一、婚姻家庭篇

小贴士

《老年人权益保障法》第二十五条 禁止对老年人实施家庭暴力。

《反家庭暴力法》第二条 本法所称家庭暴力,是指家庭成员之间以殴打、捆绑、残害、限制人身自由,以及经常性谩骂、恐吓等方式实施的身体、精神等侵害行为。

《反家庭暴力法》第十三条 家庭暴力受害人及其法定代理人、近亲属可以向加害人或者受害人所在单位、居民委员会、村民委员会、妇女联合会等单位投诉、反映或者求助。有关单位接到家庭暴力投诉、反映或者求助后,应当给予帮助、处理。

《反家庭暴力法》第十六条 家庭暴力情节较轻,依法不给予治安管理处罚的,由公安机关对加害人给予批评教育或者出具告诫书。

17. 为什么要对丧失行为能力的老年人指定合适的监护人？

随着人口老龄化的发展，老年痴呆及各种相关疾病的发病率不断上升。为了有效维护这些老年人的合法权益，照顾好他们的生活，在必要时为他们指定合适的监护人，就显得十分必要了。

小案例

老王和妻子吴某共同生育了王甲和王乙两个儿子，吴某已于多年前因病去世，老王与王甲共同生活，由王甲照料他的日常生活。2014年8月，王乙向法院申请宣告老王为无民事行为能力人，法院于2014年11月做出判决，经司法鉴定老王为植物人，宣告老王为无民事行为能力人。之后，老王原工作单位出具情况说明，建议指定王乙为老王的监护人。王甲不同意，便向法院提起诉讼，要求依法确认自己为父亲的监护人。

法院在审理过程中查明，王乙实际上并未照顾老王，而且多年来王乙也无所事事，没有稳定的经济来源，也没有与老王共同生活；而王甲与老王已经共同生活近20年，住房和经济能力都比较宽裕，适合与老王共同居住。依据《民法通则》相关规定，成年子女都有监护的权利与义务，但从老王的实际情况来看，由王甲作为老王的监护人，更有利于照顾老王的生活，维护老王各方面的权益。于是法院做出判决，指定王甲为老王的监护人。

一、婚姻家庭篇

小贴士

《老年人权益保障法》第二十六条 具备完全民事行为能力的老年人,可以在近亲属或者其他与自己关系密切、愿意承担监护责任的个人、组织中协商确定自己的监护人。监护人在老年人丧失或者部分丧失民事行为能力时,依法承担监护责任。老年人未事先确定监护人的,其丧失或者部分丧失民事行为能力时,依照有关法律的规定确定监护人。

《最高院关于贯彻执行〈民法通则〉若干问题的意见》第十一条 认定监护人的监护能力,应当根据监护人的身体健康状况、经济条件,以及与被监护人在生活上的联系状况等因素确定。

38 权益保障

18. 为什么老年人对另一半因赌博欠债不负还债义务?

小案例

罗老伯退休后,一直无所事事。后来小区里开了一家老年人活动中心,这家活动中心其实是个麻将室,参加打麻将的人用现金购买红、黄、白三种颜色的卡片作为赌资,进行赌博。手中的卡片也可以兑换现金,红色代表100元、黄色代表50元、白色代表10元。天生爱打麻将的罗老伯从此一发而不可收拾,整天泡在这家老年人活动中心,但由于技术不行、手气不佳,常常输多赢少。罗老伯的妻子郭阿姨对他屡次劝阻,却也无可奈何。直到有一天,一个自称黎叔的人找上家门,要求郭阿姨偿还20万元借款,说是罗老伯打麻将输了向他借的钱款。郭阿姨作为妻子该不该还这笔钱呢?

从法律上说,夫妻关系存续期间发生的共同债务,夫妻双方都有负责偿还的义务。夫妻共同债务一般包括夫妻在婚姻存续期间,为解决共同生活所需的衣、食、住、行、医疗等活动,以及履行法定义务和在共同生产经营过程所负的债务。要确认婚姻关系存续期间的债务属于夫或妻一方的个人债务还是夫妻共同债务,可以从以下两方面考虑:一是夫妻有无共同举债的合意;二是夫妻是否分享债务所带来的利益。罗老伯的20万借款实为赌博的借款,该赌债的产生很明显与夫妻共同生活无关,赌博行为也没有为家庭生活带来任何利益,不应认定上述债务为夫妻共同债务。更何况赌博行为本身是违法的,因此,因赌博产生的借贷,属于不合法的债权,是无法得到法律保护的。对于这笔借款,郭阿姨不应该承担共同还款的责任。

一、婚姻家庭篇

小贴士

《最高人民法院关于审理借贷案件的若干意见》第十一条 出借人明知借款人是为了进行非法活动而借款的,其借贷关系不予以保护。

《民法通则》第五十八条 违反法律或者公共利益的民事行为无效,从行为开始起就没有法律约束力。

19. 公证遗嘱可以撤销或更改吗？

小案例

陈阿婆早年离婚，独自将一儿一女拉扯成人。为避免自己死后儿女因为遗产继承发生纠纷，她特意通过公证机关办理了一份公证遗嘱，言明房屋归儿子继承，其余财产全部交给女儿继承。谁知儿子见遗产分割已成定局，渐渐对她不理不睬。陈阿婆一气之下，另行自书一份遗嘱，明确表明撤销此前的公证遗嘱，重新确认全部遗产均由女儿一人继承。陈阿婆去世后，儿子、女儿各持遗嘱，对遗产争执不休，最后闹到了法院。而法院判决的结果，是仍然按照公证遗嘱分割遗产。

老年人通过订立遗嘱对自己死后的财产进行分配，不仅是其自主管理财产意愿的体现，也是有助于减少或避免继承人因遗产分配而引发争议的重要途径和手段；而对遗嘱进行公证，也是防止因遗嘱而发生纠纷的有效手段。

虽然从形式上说，订立遗嘱可以有不同形式，如公证遗嘱、自书遗嘱、代书遗嘱、口头遗嘱、录音遗嘱等。但不论是何种形式，都必须是真实的意思表示，遗嘱的内容也不得违反相关法律的规定。在各种形式的遗嘱中，公证遗嘱的效力是最高的。如果要撤销或是更改公证遗嘱，必须再次公证，否则无效。但如果确有证据证明公证遗嘱部分违法的，对违法部分的公证可以撤销。

一、婚姻家庭篇

小贴士

《继承法》第二十条 遗嘱人可以撤销、变更自己所立的遗嘱。立有数份遗嘱，内容相抵触的，以最后的遗嘱为准。自书、代书、录音、口头遗嘱，不得撤销、变更公证遗嘱。

《最高人民法院关于贯彻执行〈继承法〉若干问题的意见》第四十二条 遗嘱人以不同形式立有数份内容相抵触的遗嘱，其中有公证遗嘱的，以最后所立公证遗嘱为准；没有公证遗嘱的，以最后所立的遗嘱为准。

《遗嘱公证细则》第二十三条 公证遗嘱生效后，与继承权益相关的人员有确凿证据证明公证遗嘱部分违法的，公证处应当予以调查核实；经调查核实，公证遗嘱部分内容确属违法的，公证处应当撤销对公证遗嘱中违法部分的公证证明。

二、遗产继承篇

20. 老人能否继承再婚配偶的遗产？

小案例

张阿姨今年65岁，丈夫去世的第5年，与同住一个小区丧偶的老戴登记结婚，共同生活了3年。前不久，老戴突发脑溢血去世。办完丧事不久，老戴的子女就限令张阿姨在一周内搬出老戴家，并表明张阿姨是与老戴再婚，无权继承他们爸爸的遗产。而张阿姨则认为，既然自己与老戴是夫妻，老戴去世后张阿姨有权在他家继续居住，并且有权继承他遗留的房屋等财产。

应当说张阿姨遇到的问题，在再婚老人中并不罕见。张阿姨虽然只与老戴共同生活了3年，但他俩办理了结婚登记，取得了婚姻登记机关的结婚证明，确立了合法的夫妻关系，自然也有互相继承遗产的权利。依照我国《继承法》的相关规定，张阿姨作为老戴的配偶，属于第一顺序的法定继承人。老戴的子女在老戴死亡后就将张阿姨赶出家门的做法是不妥的，张阿姨有权与老戴的子女共同继承老戴的遗产。当然，张阿姨有继承的权利，并不等于就可以直接继承老戴的遗产，因为老戴遗留的房屋等财产是婚前同亡妻共有的，其子女也有继承的权利，老戴只对其中部分享有权利；同样，张阿姨也只能对属于老戴的那部分遗产，同老戴的子女共同享有继承的权利，因为老戴的子女同样也有继承老戴遗产的权利。如果老戴生前立有遗嘱，明确他的财产由其子女继承，那么按照遗嘱继承优于法定遗产的原则，张阿姨不能再以配偶的身份继承老戴的遗产。

二、遗产继承篇

小贴士

《婚姻法》第二十四条　夫妻有相互继承遗产的权利。

《继承法》第五条　继承开始后,按照法定继承办理;有遗嘱的,按照遗嘱继承或者遗赠办理;有遗赠扶养协议的,按照协议办理。

《继承法》第十条　遗产按照下列顺序继承:第一顺序为配偶、子女、父母;第二顺序为兄弟姐妹、祖父母、外祖父母。继承开始后,由第一顺序继承人继承,第二顺序继承人不继承。

《继承法》第十六条　公民可以立遗嘱将个人财产指定由法定继承人的一人或者数人继承。

21. 为什么养子女能继承养父母的遗产？

在家庭关系中，父母子女关系是最重要的关系之一。从法律上说，父母子女关系既包括有血缘关系的亲生父母子女，也包括没有血缘关系的法律拟制的父母子女，如养父母与养子女的关系。

小案例

家住山东某县城的李某，老伴已于2006年初去世，有一养女已出嫁，还有一亲生儿子。老人生前与儿子共同生活，2015年老人卧床不起，2015年底入住某老年公寓，2016年6月病故。期间，老人的生活护理和住院护理由养女和亲生儿子共同负担，养女定期到老年公寓探望老人。因李某系退休人员，去世后留有一笔遗产，主要是其生前退休工资与抚恤金，共约8万余元。老人去世后，亲生儿子认为，养女不应该继承李某的遗产，更何况是嫁出去的女儿。他的说法对吗？

依据我国《婚姻法》的相关规定，只要养子女与养父母之间建立了合法有效的收养关系，那么养父母与养子女之间的权利义务关系，与亲生父母与亲生子女之间的权利义务关系就是一致的。也就是说，养父母对养子女有抚养、教育的义务；养子女对养父母有赡养、扶助的义务；在遗产继承问题上，也互为第一顺序的法定继承人，任何人不得以任何借口剥夺养子女的继承权和继承份额。如果养父母有亲生子女，那么养子女同亲生子女享有相同的继承权。因此，李某的养女同他的亲生儿子都可以继承遗产，不

二、遗产继承篇

能因为是养女就剥夺继承权,也不能因为出嫁而丧失继承权。

小贴士

《婚姻法》第二十六条　国家保护合法的收养关系。养父母和养子女之间的权利和义务,适用本法对父母子女关系的有关规定。

《继承法》第十条　本法所说的子女,包括婚生子女、非婚生子女、养子女和有扶养关系的继子女。本法所说的父母,包括生父母、养父母和有扶养关系的继父母。

《收养法》第二十三条　自收养关系成立之日起,养父母与养子女间的权利义务关系,适用法律关于父母子女关系的规定;养子女与养父母的近亲属间的权利义务关系,适用法律关于子女与父母的近亲属关系的规定。

48 权益保障

22. 为什么子女先于父母去世后,孙子女能继承祖父母的遗产?

小案例

小王的公婆于2015年和2016年先后去世,小王的公婆有一子(小王的丈夫,已于2010年因病去世)、一女(小王的小姑子),小王和死去的丈夫有一个女儿。公婆去世后遗产房屋没有分割,一直由小王的小姑子居住。现公婆遗留的房屋要拆迁,小王和其女儿要求分割遗产房屋,但小姑子不同意,理由是"小王的丈夫已先于其父母去世,现她是其父母遗产的唯一继承人,所以老人的遗产没有小王和其女儿的份儿"。小王的小姑子说得有道理吗?

因小王的公婆去世后并没有留下遗嘱,其遗产房屋应当按照法定继承予以分割,即小王的丈夫同她的小姑子都有权继承该房屋。但小王的丈夫先于其公婆去世,在这种情况下,我国法律规定了"代位继承"的制度,即被继承人的子女先于被继承人死亡的,由被继承人的子女的晚辈直系血亲代位继承,代位继承人只能继承其父母有权继承的份额,并且代位继承只适用于法定继承,不适用于遗嘱继承。也就是说,如果被继承人生前立有遗嘱的,就应当按照遗嘱处理遗产。此外,其他继承人如被继承人的配偶、父母、兄弟姐妹、祖父母、外祖父母等先于被继承人死亡的,不发生代位继承。而从本案来看,小王的公婆生前并未立有遗嘱,小王的丈夫同小姑子都有继承权,因此,小王的女儿是有权代其父亲继承其应得的遗产份额的。

二、遗产继承篇

小贴士

《继承法》第十一条 被继承人的子女先于被继承人死亡的，由被继承人的子女的晚辈直系血亲代位继承。代位继承人一般只能继承他的父亲或者母亲有权继承的遗产份额。

《最高人民法院关于贯彻执行〈中华人民共和国继承法〉若干问题的意见》第二十五条 被继承人的孙子女、外孙子女、曾孙子女、外曾孙子女都可以代位继承，代位继承人不受辈数的限制。

23. 为什么丧偶儿媳尽了主要赡养义务后，能继承前公婆的遗产？

小案例

2005年，小王与刘某结婚并育有一子，刘某年迈的父亲由小王夫妇及刘某之兄轮流照顾。2007年，刘某因病去世，小王与刘兄继续轮流照顾刘父。2011年，小王改嫁张某后，仍继续赡养和照料刘父的生活起居。2014年，刘父因病去世，留下房产一处，未留遗嘱。现在该房屋面临拆迁，有补偿款若干。小王与刘兄因房屋补偿款分割问题产生了纠纷，诉至法院。小王认为，自己对前公公尽了赡养的义务，前公公的日常生活都是由自己照料的，所以理应有权继承遗产；但刘兄却认为，小王已经改嫁，不再是刘家的人，当然也就无权继承遗产。那么，法院会支持谁的主张呢？

在一般情况下，丧偶儿媳对公婆或丧偶女婿对岳父母的遗产是没有继承权的，但是，如果他们对老人尽了主要赡养义务，就能够作为第一顺序继承人继承遗产。在本案中，刘父死后没有留下遗嘱，按照法律规定，他的遗产应当由他的子女即刘某之兄等作为第一顺序继承人继承。但小王在丈夫刘某去世后，一直代替丈夫对公公履行了赡养义务，即便在改嫁后也仍然照顾老人，直到老人去世为止。所以，应当认定小王尽了主要赡养义务。

依照法律规定，丧偶儿媳小王对被继承人刘父生前尽了主要赡养义务，应当作为第一顺序继承人，所以不论小王是否改嫁，都不影响其继承前公公的遗产。

二、遗产继承篇

小贴士

《继承法》第十二条　丧偶儿媳对公婆，丧偶女婿对岳父、岳母，尽了主要赡养义务的，作为第一顺序继承人。

《继承法》第十四条　对继承人以外的依靠被继承人抚养的缺乏劳动能力又没有生活来源的人，或者继承人以外的对被继承人扶养较多的人，可以分给他们适当的遗产。

最高人民法院《关于贯彻执行〈中华人民共和国继承法〉若干问题的意见》第三十条　对被继承人生活提供了主要经济来源，或在劳务等方面给予了主要扶助的，应当认定其尽了主要赡养义务或主要扶养义务。

24. 为什么老年人可以用遗嘱剥夺法定继承人的继承权?

小案例

80多岁的张老伯自退休后,他的小儿子张某从未对他尽过赡养的义务。不仅如此,张某还时常对张老伯进行打骂、索要钱财,虽经社区民警几次出面进行批评教育,依然屡教不改。去年,张某又撬锁进入张老伯的房屋翻找存折,并再次将张老伯的右臂打伤。张老伯忍无可忍之下,决定立遗嘱将所有财产都留给其他子女。张老伯的这种行为合法吗?

遗嘱是公民生前按照法律规定处分自己财产的方式之一。我国《继承法》和《老年人权益保障法》都明确规定:老年人有权依法处分个人财产,立遗嘱时可以将个人财产指定由法定继承人的一人或者数人继承。因此,尽管张某属于第一法定继承人,但遗嘱继承效力优先于法定继承,面对张某这种不尽赡养义务的不肖子孙,张老伯完全可以通过遗嘱剥夺其继承权,不准他继承财产。最后,张老伯在律师的帮助之下,来到公证机关,确定所立遗嘱为自己真实意思表示,将名下所有的房屋和财产都分配给了其他子女,剥夺了小儿子张某的继承权。

遗嘱作为公民处分个人财产的重要手段,不仅可以通过遗嘱充分行使自己的财产权利,更可以通过订立遗嘱的方式为老有所养提供法律保障,有利于晚辈更好地履行赡养义务。成年子女若是不孝敬老人,不履行赡养义务,甚至发生虐待老人的情形,就可以通过遗嘱的方式剥夺不孝子女的法定继承权。

二、遗产继承篇

小贴士

《继承法》第五条 继承开始后,按照法定继承办理;有遗嘱的,按照遗嘱继承或者遗赠办理;有遗赠抚养协议的,按照协议办理。

《继承法》第十六条 公民可以依照本法规定立遗嘱处分个人财产,并可以指定遗嘱执行人。公民可以立遗嘱将个人财产指定由法定继承人的一人或者数人继承。公民可以立遗嘱将个人财产赠给国家集体或者法定继承人以外的人。

《继承法》第十九条 遗嘱应当对缺乏劳动能力又没有生活来源的继承人保留必要的遗产份额。

25. 为什么老年人可以将遗产赠与法定继承人以外的人？

小案例

2000年,陈老伯因中风留下了后遗症,生活基本不能自理,但他的3个子女都不愿意照顾他。争吵之后,3个子女决定用陈老伯的退休金聘请保姆毛女士。十多年来,毛女士无微不至地照顾陈老伯,逢年过节还自掏腰包为陈老伯添置新衣、购买保健品。2016年,陈老伯离世之时立下遗嘱,将名下价值百万的房屋赠与保姆毛女士,但遭到陈老伯3个子女的激烈反对。那么,陈老伯将房屋赠与毛女士的遗嘱有效吗?

我们知道,遗嘱是公民依法处置其财产的行为。根据《继承法》的相关规定,公民可以立遗嘱将个人财产指定给法定继承人中的一人或数人,也可以赠给国家、集体或者法定继承人以外的人。而后者一般称为遗赠。在本案中,陈老伯将自己的财产赠给保姆毛女士,这是他依法处分自己合法所有的财产的行为。陈老伯在立遗嘱时是完全民事行为能力人;他在立遗嘱时也没有受到胁迫和欺骗,是他的真实意思表示;遗嘱的内容也没有违反法律,没有损害国家和集体的利益。而且,在陈老伯中风后,3个子女都没有尽赡养照料的义务,而是毛女士悉心照料陈老伯,因此,陈老伯将财产遗赠给毛女士,也是符合情理的。更何况通过法庭调查,法官发现陈老伯的3个子女并不属于缺乏劳动能力又没有生活来源的继承人,陈先生无须在遗嘱中为他们保留必要的遗产份额。因此,陈老伯将其全部财产赠与保姆毛女士的遗嘱是合法有效的。

二、遗产继承篇

当然,通过立遗嘱赠与财产的行为有一个前提,即必须符合家庭道德、尊重社会公德,不得损害社会公共利益和其他继承人的合法权利。比如,将财产赠与所谓的"第三者"的遗嘱,就可能因违反社会公共道德和善良风俗而被判无效;再如,立遗嘱时也不得剥夺法定继承人中无独立生活能力的未成年人的继承权。

小贴士

《继承法》第十六条　公民可以立遗嘱将个人财产赠给国家、集体或者法定继承人以外的人。

26. 为什么将遗产赠与"第三者"无效？

遗嘱继承优先于法定继承，这是我国《继承法》的一个基本原则，目的是为了保护财产所有人自由处分财产的权利；对于老年人而言，也能够更好地保障被继承人对财产处分的意志，客观上能够促使继承人更好地履行赡养的义务。但这一原则的前提，是不能违反社会的公共道德和善良风俗，违背法律所体现的公平正义的精神。

小案例

陈阿姨与李叔于 1975 年结婚，婚后夫妻感情很好，但一直未生育小孩。2000 年，李叔结识了张某，不久二人便在外租房，经常同居生活。2014 年，李叔因患胃癌晚期住院治疗，住院期间一直由原配陈阿姨及其亲友照料，直至去世。临死之前，李叔却立下遗嘱并经公证，将其所得住房补贴金、公积金、抚恤金，变卖某市售房款的一半等共计 100 万元遗赠给张某，骨灰盒由张某保管。李叔去世后，陈阿姨以张某拒不交付自己所应当继承的财产为由，将她告到了法院，要求张某返还财产。但张某以财产是李叔遗赠给她为由，拒绝返还。

虽然《继承法》规定公民可以将个人财产赠与法定继承人以外的人，但李叔将自己的全部财产遗赠给"第三者"的行为，不仅侵犯了与自己共同生活 40 年的合法妻子陈阿姨的合法权益，也不符合家庭道德和社会善良风俗，更违反了《民法通则》的精神。在这个问题上，如果机械地套用遗嘱继承优先适用于法定继承的

二、遗产继承篇

规定,客观上就会助长"包二奶"的不良社会风气,背离社会的公序良俗。因此,法院最终判决李叔的遗赠行为无效,李叔的个人财产按法定继承办理。

小贴士

《婚姻法》第四条 夫妻应当互相忠实,互相尊重……

《民法通则》第七条 民事活动应当尊重社会公德,不得损害社会公共利益,扰乱社会经济秩序。

《民法通则》第五十八条 下列民事行为无效:……(五)违反法律或社会公共利益的;……

《继承法》第二十七条 有下列情形之一的,遗产中的有关部分按照法定继承办理:……(四)遗嘱无效部分所涉及的财产;……

27. 为什么老年人签订的遗赠扶养协议与所立遗嘱冲突时，应以遗赠扶养协议为准？

遗赠扶养协议是我国法律规定的一种特殊的财产遗赠方式，是指老年人没有老伴相互扶养或者因为其他原因需要由扶养义务人以外的其他人或者组织进行扶养的，可以与扶养人签订遗赠扶养协议，在协议中约定由扶养人对该老年人进行生前的养老和死后的送终，老年人将自己的财产遗赠给扶养人作为回报。

小案例

姜老伯与丁阿姨膝下无子，所幸姜老伯的侄子小姜对他们非常孝顺，二老遂与小姜签订了遗赠扶养协议，约定小姜长期照顾两位老人，两位老人将自己名下所有的一套房屋在百年之后赠送给小姜所有。小姜按照约定履行了自己的扶养义务。1997年姜老伯去世，其遗产全部由丁阿姨继承；2006年丁阿姨与方先生再婚，婚后亦未有子女。2009年丁阿姨查出患有癌症，于是立下遗嘱将自己所有财产留给方先生继承，并进行了公证。丁阿姨去世后，小姜与方先生就丁阿姨名下的房产产生纠纷。

在本案中，小姜与姜老伯、丁阿姨签订的遗赠扶养协议是双方当事人的真实意思表示，合法有效；小姜也按协议约定的内容履行了扶养义务。而丁阿姨于2009年11月所立遗嘱内容与该遗赠扶养协议内容完全抵触，依据相关法律规定，被继承人生前与他人订有遗赠扶养协议，同时又立有遗嘱的，按协议处理。因此，法院最终判决该房屋应归小姜所有。

二、遗产继承篇

小贴士

　　《继承法》第五条　继承开始后,按照法定继承办理;有遗嘱的,按照遗嘱继承或者遗赠办理;有遗赠扶养协议的,按照协议办理。

　　《继承法》第三十一条　公民可以与扶养人签订遗赠扶养协议。按照协议,扶养人承担该公民生养死葬的义务,享有受遗赠的权利。

　　《最高人民法院关于贯彻执行〈中华人民共和国继承法〉若干问题的意见》第五条　被继承人生前与他人订有遗赠扶养协议,同时又立有遗嘱的,继承开始后,如果遗赠扶养协议与遗嘱没有抵触,遗产分别按协议和遗嘱处理;如果有抵触,按协议处理,与协议抵触的遗嘱全部或部分无效。

28. 为什么危急情况下订立的口头遗嘱有效？

口头遗嘱是指遗嘱人在危急情况下，以口述的形式所立的遗嘱。由于口头遗嘱是以口述形式而非书面形式确定的意思表示，具有紧急性，加上立遗嘱时的情况比较复杂，因此在实践中容易产生纠纷。所以，为了保证口头遗嘱的合法有效，订立口头遗嘱必须具备法律规定的基本要件。

小案例

王老伯突发急病入院，情况十分危急，弥留之际，王老伯当着病房里医生和护士的面，立下了口头遗嘱，将自己的一套平房留给了小儿子继承。不久，王老伯因病去世，两个儿子却为了那套平房的继承权问题打起官司。大儿子认为，王老伯临终前的口头遗嘱不作数，口说无凭，再说医生和护士都是外人。因此，他认为自己也有权继承那套平房。那么，王老伯的房子究竟应该由谁来继承？他临终前的话有法律效力吗？

我国《继承法》明确规定在危急情况下，可以订立口头遗嘱。但口头遗嘱必须符合以下条件：①遗嘱人必须是处在危急的情况下；②遗嘱人立遗嘱时必须是具有民事行为能力；③应当有两个以上的见证人在现场见证；④遗嘱人要以口述形式表示其处理遗产的真实意愿。这里所说的"危急的情况"，主要包括：因病濒临死亡时、因事故导致生命垂危时、因突发事件导致生命受到威胁时，等等。

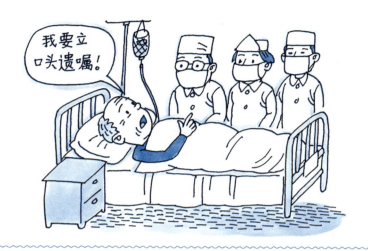

二、遗产继承篇

同时，为了保证口头遗嘱的公正，下列人员不能作为遗嘱见证人：①无行为能力和限制行为能力的人；②继承人、受遗赠人；③与继承人、受遗赠人有利害关系的人。而在本案中，医生和护士是无利害关系的见证人，王老伯立口头遗嘱是清醒的、真实意思的表示，因此他的口头遗嘱是合法有效的。

小贴士

《继承法》第十七条　遗嘱人在危急情况下，可以立口头遗嘱。口头遗嘱应当有两个以上见证人在场见证。危急情况解除后，遗嘱人能够用书面或录音形式立遗嘱的，所立的口头遗嘱无效。

29. 为什么老人因医疗事故死后所得的赔偿金不能作为遗产分割？

死亡赔偿金，又称死亡补偿费，是由加害人给死亡受害人的近亲属的一种物质补偿，是专属于死者近亲属的财产，而不是死者的个人财产。从法律性质上说，死亡赔偿金不是对死者的财产损害的赔偿，而是对与死者有关的一些亲属的赔偿。所以，死亡赔偿金不能作为死者的财产进行继承。

小案例

张先生因医疗事故死亡。医院与张先生的妻儿达成赔偿协议，其中死亡赔偿金50万元。后医院将50万赔偿金以张先生的母亲李奶奶名义存入银行。张先生的妻儿得知后，要求将50万作为遗产依法予以分割。张先生的母亲李奶奶不同意，于是张先生的妻儿将李奶奶诉至法院，要求对50万元死亡赔偿金进行分割。

法院经审理认为，遗产是公民死亡时尚存的个人财产，而死亡赔偿金是公民因人身损害事故死亡之后才发生的，而不是公民死亡时所遗留的，因此不是遗产。依照我国《继承法》的有关规定，死亡赔偿金也未包含在法定的遗产范围内。因而不能作为死者的遗产依法继承分割。最终，法院判决医院的50万元死亡赔偿金应由张先生的母亲李奶奶和张先生的妻儿按份共有，即各自分得三分之一。

二、遗产继承篇

小贴士

《民法通则》第一百一十九条 侵害公民身体造成死亡的,应当支付丧葬费、死者生前扶养的人必要的生活费等费用。

《最高人民法院关于审理人身损害赔偿案件适用法律若干问题的解释》第一条 ……本条所称"赔偿权利人"是指因侵权行为或其他致害原因直接遭受人身损害的受害人、依法由受害人承担扶养义务的被扶养人以及死亡受害人的近亲属。

《继承法》第三条 遗产是公民死亡时遗留的个人合法财产,包括:(一)公民的收入;(二)公民的房屋、储蓄和生活用品;(三)公民的林木、牲畜和家禽;(四)公民的文物、图书资料;(五)法律允许公民所有的生产资料;(六)公民的著作权、专利权中的财产权;(七)公民的其他合法财产。

30. 儿子交通事故身亡，年迈的父母能否主张索要扶养费？

在人身损害赔偿案件中，可获得扶养费赔偿的人员主要依据被扶养人劳动能力程度，一般分为两类：第一，是受害人依法应当承担扶养义务的未成年人；第二，是丧失劳动能力又无其他生活来源的成年近亲属，主要是年老的父母。

小案例

2016 年初，李某因交通事故不幸身亡，经交通部门认定，李某不负事故责任。另查明，李某为独生子女，在交通事故发生时，李某的父亲 62 岁，母亲 63 岁，父母均无稳定的收入，儿子 20 岁。那么，肇事者除了需要赔偿死者亲属死亡赔偿金、丧葬费等损失外，李某年迈的父母能否向肇事者主张索要被扶养人生活费？

交通事故中，肇事者不仅侵害了李某的生命健康权，而且因李某的死亡，李某年迈的父母失去了稳定的赡养费用。为此，我国法律规定，对死亡者应当扶养的人丧失劳动能力又没有稳定的生活来源的，给予一定的补偿，即"被扶养人的生活费"，对被扶养人的生活费计算标准，我国法律也有明确规定。因此，本案中，李某的父母可以依照相关法律规定，向肇事者主张索要扶养费。

二、遗产继承篇

小贴士

《最高人民法院关于审理人身损害赔偿案件适用法律若干问题的解释》第二十八条　被扶养人生活费根据扶养人丧失劳动能力程度,按照受诉法院所在地上一年度城镇居民人均消费性支出和农村居民人均年生活消费支出标准计算。被扶养人为未成年人的,计算至十八周岁;被扶养人无劳动能力又无其他生活来源的,计算二十年。但六十周岁以上的,年龄每增加一岁减少一年;七十五周岁以上的,按五年计算。被扶养人是指受害人依法应当承担扶养义务的未成年人或者丧失劳动能力又无其他生活来源的成年近亲属。被扶养人还有其他扶养人的,赔偿义务人只赔偿受害人依法应当负担的部分。被扶养人有数人的,年赔偿总额累计不超过上一年度城镇居民人均消费性支出额或者农村居民人均年生活消费支出额。

三、人身保险篇

31. 养老金（退休金）可以异地领取吗？

随着城镇化速度加快，人员跨地区流动越来越普遍。为了退休人员领取养老金的方便，现在通过金融系统即可实现养老金的异地支付。很多不在原来参保地的老年人，也可以通过这样的系统来领取养老金。

小案例

姜女士是合肥人，1990年大学毕业后留在北京工作，并取得北京户籍。她在北京工作11年，享有四险一金。2001年姜女士来到上海发展，她所供职的私营单位一直给她上养老险等社保。2016年姜女士达到法定退休年龄，她想知道如果自己在上海定居，将来可以在上海领取养老金吗？

依照我国相关法规规定，养老保险待遇在哪儿领，基本条件是看在各个参保地的缴费年限，实行"户籍地优先、从长、从后计算"原则。其中，有多个缴费满10年的地方，就按最后一个满10年的地方来确定领取待遇的地方。姜女士在北京和上海养老保险缴费都满10年，但最后一个满10年的地方是上海，因此，姜女士可以按照上海养老金待遇办理领取手续。

三、人身保险篇

小贴士

《城镇企业职工基本养老保险关系转移接续暂行办法》第六条 跨省流动就业的参保人员达到待遇领取条件时,按下列规定确定其待遇领取地:

(一) 基本养老保险关系在户籍所在地的,由户籍所在地负责办理待遇领取手续,享受基本养老保险待遇。

(二) 基本养老保险关系不在户籍所在地,而在其基本养老保险关系所在地累计缴费年限满10年的,在该地办理待遇领取手续,享受当地基本养老保险待遇。

(三) 基本养老保险关系不在户籍所在地,且在其基本养老保险关系所在地累计缴费年限不满10年的,将其基本养老保险关系转回上一个缴费年限满10年的原参保地办理待遇领取手续,享受基本养老保险待遇。

(四) 基本养老保险关系不在户籍所在地,且在每个参保地的累计缴费年限均不满10年的,将其基本养老保险关系及相应资金归集到户籍所在地,由户籍所在地按规定办理待遇领取手续,享受基本养老保险待遇。

32. 老年人购买人寿保险要注意哪些问题？

现在不少老年人不想给子女增加负担，往往选择购买保险。然而老年人在购买保险时，常常被一些推销寿险业务的人员"忽悠"，就稀里糊涂地购买了，有人还因此上当受骗。那么，老年人购买人寿保险究竟应该注意哪些问题呢？一般来说，在购买保险时要注意以下几点：

①确保投保的人寿保险公司有中国保监会或派出机构颁发的《经营保险业务许可证》，谨防受骗；②检验代理人（营销员）的保险代理人资格证书、展业证书和身份证，以谨防非法经营机构的保险诈骗；③保险费用支出合理，自身能承受；④看清保险责任和免除责任；⑤若投保以死亡为给付条件，需要被保险人的同意，否则合同无效；⑥填写投保单要明确保险受益人；⑦填写投保单要如实告知保险公司相关情况；⑧无论是投保单、健康声明书，还是其他有关文件，要认真填写并亲自签名，不要随意由他人代签，以免今后出麻烦；⑨交付保险费时，注意索要保险公司出具的统一发票并妥善保管；⑩只有保险公司签发保单时，保险合同才开始生效。

小贴士

《保险法》第三十四条　以死亡为给付保险金条件的合同，未经被保险人同意并认可保险金额的，合同无效。

《保险法》第十三条　投保人提出保险要求，经保险人同意承保，保险合同成立。保险人应当及时向投保人签发保险单或者其

三、人身保险篇

他保险凭证。

《保险法》第十七条 ……对保险合同中免除保险人责任的条款,保险人在订立合同时应当在投保单、保险单或者其他保险凭证上作出足以引起投保人注意的提示,并对该条款的内容以书面或者口头形式向投保人作出明确说明;未作提示或者明确说明的,该条款不产生效力。

《保险法》第十六条 ……投保人故意或者因重大过失未履行前款规定的如实告知义务,足以影响保险人决定是否同意承保或者提高保险费率的,保险人有权解除合同。……投保人故意不履行如实告知义务的,保险人对于合同解除前发生的保险事故,不承担赔偿或者给付保险金的责任,并不退还保险费。

33. 为什么未经被保险人签字认可的人寿保险合同无效?

死亡保险是指以被保险人的死亡为保险事故的人寿保险合同。以死亡为给付保险金条件的人寿保险合同,未经被保险人书面同意并认可保险金额的,保险公司是否需要承担保险责任?

小案例

2011年1月,李某听人介绍,为母亲购买了一份人寿保险,保单签订后,李某按时交纳了保费。2016年6月2日,李某母亲不幸因病去世,李某向保险公司提出理赔申请时却遭到拒赔,理由是该保单上不是李某母亲本人亲自签名。李某认为当时保险公司并没有告知她需要其母亲在保单上签字。为此,李某将保险公司诉至法院。

依据《保险法》相关规定,除父母为其未成年子女投保的人身保险外,以死亡为给付保险金条件的合同,未经被保险人书面同意并认可保险金额的,合同无效。这是关于第三人订立死亡保险合同的限制性规定。因此,本案中李某母亲未亲自在保单上签字,也没有书面授权李某签字,故该份人身保险合同无效,保险公司无需承担保险责任。但保险公司在订立合同时,未告知投保人李某须经被保险人书面同意并认可保险金额保险合同才有效,保险公司亦存在一定过错,故保险公司仍要承担相应的过错赔偿责任。

三、人身保险篇

小贴士

《保险法》第三十四条 以死亡为给付保险金条件的合同,未经被保险人同意并认可保险金额的,合同无效。

按照以死亡为给付保险金条件的合同所签发的保险单,未经被保险人书面同意,不得转让或者质押。

父母为其未成年子女投保的人身保险,不受本条第一款规定限制。

《合同法》第五十六条 无效合同或者被撤销的合同自始至终没有法律约束力。……

《合同法》第五十八条 合同无效或者被撤销后,因该合同取得的财产,应当予以返还;不能返还或者没有必要返还的,应当折价补偿。有过错的一方应当赔偿对方因此所受到的损失,双方都有过错的,应当各自承担相应的责任。

34. 为什么投保人应履行如实告知义务？

在保险合同订立时，投保人应将有关保险标的重要事实如实告知保险人，告知目的是使保险人正确了解与保险标的风险状况有关的重要事实。投保人若未履行如实告知义务，保险人有权解除合同并拒绝赔付保险金。

小案例

2013年9月10日，投保人陈阿姨与被保险公司签订一份养老年金保险，该份保险的被保险人是陈某、受益人为张某（陈阿姨的儿子）。养老年金保险起止时间是从2013年9月20日至投保人终身。2016年7月，陈阿姨不幸因胃癌去世，受益人张某向保险公司提出索赔申请。保险公司经过调查，发现投保人陈阿姨在2013年7月3日因胃溃疡在某医院住院治疗。而在订立保险合同时，保险公司就"最近3个月是否接受过医生的诊断、检查和治疗""是否住院或手术"等问题询问投保人，投保人的回答是"否"。为此，保险公司以投保人陈阿姨违反如实告知义务为由拒赔。

诚信原则是保险法的基本原则之一，如实告知义务就是基于最大诚信原则而为投保人设定的法定义务。在本案中，投保人陈阿姨在投保时并没有对保险公司的询问如实回答，隐瞒了自己的治疗住院病史这一足以影响保险公司是否同意承保的事实，违反了如实告知义务，属于故意不履行如实告知义务，保险公司有权解除保险合同，对于保险合同解除前发生的保险事故，不承担赔

偿或者给付保险金的责任。

因此,在投保时,除投保人不知道或不应知道的事实外,投保人应该尽量全面地向保险公司提供真实的信息。

小贴士

《保险法》第十六条 订立保险合同,保险人就保险标的或者被保险人的有关情况提出询问的,投保人应当如实告知。

投保人故意或者因重大过失未履行前款规定的如实告知义务,足以影响保险人决定是否同意承保或者提高保险费率的,保险人有权解除合同。

……

投保人故意不履行如实告知义务的,保险人对于合同解除前发生的保险事故,不承担赔偿或者给付保险金的责任,并不退还保险费。

三、人身保险篇

35. 怎样指定和变更人寿保险中的受益人？

受益人一般在人寿保险合同的死亡保险中出现,是指人身保险合同中被保险人或投保人指定的有保险金请求权的人。投保人投保死亡保险的目的,在于万一被保险人遭遇事故死亡后被保险人家属免遭经济上的困迫。投保人、被保险人均可以成为受益人。保险受益人是保险最大利益的享受者,是保险保障的对象。因此,指定受益人时要考虑谁是您最想保障的人。在指定或变更人寿保险的受益人应注意下列几点:

第一,避免"我妻子"、"我孩子"这类模糊词语,而是应该明确指出受益人姓名;第二,投保人指定受益人时需经被保险人同意;第三,投保人指定多个受益人时,可约定各自受益的顺序和份额;第四,在被保险人生存、保险事故未发生前,投保人变更受益人,需征得被保险人同意且书面形式通知保险公司。

小贴士

《保险法》第十八条 ……受益人是指人身保险合同中由被保险人或者投保人指定的享有保险金请求权的人。投保人、被保险人可以为受益人。

《保险法》第三十九条 人身保险的受益人由被保险人或者投保人指定。

投保人指定受益人时须经被保险人同意。投保人为与其有劳动关系的劳动者投保人身保险,不得指定被保险人及其近亲属以外的人为受益人。

被保险人为无民事行为能力人或者限制民事行为能力人的,可以由其监护人指定受益人。

《保险法》第四十条 被保险人或者投保人可以指定一人或者数人为受益人。

受益人为数人的,被保险人或者投保人可以确定受益顺序和受益份额;未确定受益份额的,受益人按照相等份额享有受益权。

《保险法》第四十一条 被保险人或者投保人可以变更受益人并书面通知保险人。保险人收到变更受益人的书面通知后,应当在保险单或者其他保险凭证上批注或者附贴批单。

投保人变更受益人时须经被保险人同意。

四、风险防范篇

36. 为什么老年人跟团出游时摔伤，能要求旅行社承担赔偿责任？

随着物质生活条件的日益改善，老年人跟团出游的情形越来越普遍，在享受出游带来乐趣的同时，一系列安全问题也接踵而来。老年群体作为完全民事行为能力人，首先应对自己的安全负责，如果遇到安全事故，应第一时间向旅行社求助沟通。旅行社也应切实保障老年游客的安全，而不仅仅是尽到表面注意义务。

小案例

年过七旬的卫大妈与一家旅行社签订了旅游合同，约定旅行社为卫大妈夫妻提供夕阳红团十日游。旅游期间，卫大妈在观看民俗节目时，因为人员拥挤不慎摔伤，造成九级伤残。事后，卫大妈要求旅行社和保险公司进行赔偿，旅行社认为导游已经提醒人多小心，已尽到安全保障义务，卫大妈摔伤和旅行社无关；保险公司则认为既然旅行社和卫大妈受伤之间没有因果关系，自己也无需赔偿。卫大妈能够维护自己的权益吗？

卫大妈和旅行社签订了旅游合同，交纳旅游费，合同约定了双方的权利和义务，这就表明旅游服务合同法律关系已经成立。旅行社作为经营者，理应对老人在行进或者游玩中随时进行必要的提示和提醒。现在卫大妈在旅行过程中受伤，除非旅行社有充分证据证明卫大妈受伤是因自己故意或存有重大过失而造成，否则旅行社就应当按照合同的约定，对卫大妈的受伤后果承担相应的赔偿责任。保险公司虽与卫大妈没有合同关系，但旅行社在保

险公司投保,内容符合法律规定,故保险公司也应当在约定赔偿限额内,对旅行社应承担的赔偿责任负责理赔。

小贴士

《旅游法》第十一条 残疾人、老年人、未成年人等旅游者在旅游活动中依照法律、法规和有关规定享受便利和优惠。

《旅游法》第七十条 旅行社不履行包价旅游合同义务或者履行合同义务不符合约定的,应当依法承担继续履行、采取补救措施或者赔偿损失等违约责任;造成旅游者人身损害、财产损失的,应当依法承担赔偿责任。……

37. 为什么老年人在商场摔伤，商场要承担赔偿责任？

老年人由于年老体弱，在日常出行和活动期间，与一般人相比更容易受伤。特别是在公共场所发生意外伤害，如何维护好自己的权益，就显得尤为重要。

小案例

王奶奶在傍晚时分去附近某超市购物，由于地面湿滑而摔倒，造成右腿粉碎性骨折。该超市垫付了王奶奶1万元的医疗费用，却拒绝支付王奶奶的其他损失。超市认为：事发当天天气晴好，地面湿滑是由于牛奶瓶打翻，清洁人员已经设置了提示牌，王奶奶不按提示牌绕行，踩到了未清理干净的酸奶而摔倒，应该承担主要责任。协商无果之下，王奶奶将超市告上了法庭。那么，王奶奶的其他损失能够得到法律支持吗？

法院审理后认为，商场属于从事经营的公共场所，商场管理人有保障消费者安全的义务；一旦消费者的人身和财产安全受到侵害，根据《消费者权益保护法》和《侵权责任法》的有关规定，商场应当承担相应的责任。王奶奶滑倒摔伤的主要原因，是该超市未尽到安全保障的义务，所以超市应当承担主要赔偿责任；而王奶奶作为具有完全民事行为能力人，在购物时亦应对自身的安全尽到注意防范义务，所以对于事故的发生，王奶奶也负有一定的责任。据此，法院最终判决超市承担90%的赔偿责任，王奶奶则自行承担10%的责任。

四、风险防范篇

小贴士

《消费者权益保护法》第七条 消费者在购买、使用商品和接受服务时享有人身、财产安全不受损害的权利。消费者有权要求经营者提供的商品和服务,符合保障人身、财产安全的要求。

《消费者权益保护法》第十八条 经营者应当保证其提供的商品或者服务符合保障人身安全、财产安全的要求。宾馆、商场、餐馆、银行、机场、车站、港口、影剧院等经营场所的经营者,应当对消费者尽到安全保障义务。

《侵权责任法》第三十七条 宾馆、商场、银行、车站、娱乐场所等公共场所的管理人或者群众性活动的组织者,未尽到安全保障义务、造成他人损害的,应当承担侵权责任。

84 权益保障

为了维护老年人的权益,为老年人出行提供便利,不少地方都出台了老年人免费乘车的政策。但如果在乘车过程中受到伤害,他们能够像普通乘客一样得到赔偿吗?

38. 为什么老年人免票乘坐公交车时受伤,也能获得赔偿?

小案例

76岁的张阿婆持敬老卡乘坐公交车,正当快要到站准备下车时,公交车突然紧急刹车,导致张阿婆摔倒并严重受伤,构成十级伤残。张阿婆以旅客运输合同纠纷向法院起诉,要求公交公司赔偿。但公交公司却认为,公交车属于公益性质的事业,更何况张阿婆持敬老卡乘车,属于免费乘坐,不属于普通乘客的范畴,因此拒绝承担赔偿责任。那么,张阿婆的请求能得到法院支持吗?

公交车属于公共交通运输工具,运输过程中保障乘客的安全是承运人即公交公司的主要义务。为此,我国相关法律对运输过程中乘客伤亡的赔偿实行无过错责任制度,也就是说,即便承运人在没有过错的情况下,也要承担赔偿责任,除非有充分证据证明伤亡结果是由于乘客的自身原因造成的。在本案中,张阿婆使用敬老卡免费乘坐公交车,是政府对70岁以上老年人施行的惠民政策,这并不影响张阿婆作为乘客的身份。即使是免费乘坐,同样也要受到法律的保护。张阿婆从上公交车的那一刻起,就与公交公司形成了旅客运输合同。公交公司作为公交车经营者对提供服务时造成消费者人身伤害的,应当按照《合同法》等相关法

四、风险防范篇

律的规定,承担损害赔偿责任。

小贴士

《合同法》第一百二十二条 因当事人一方的违约行为,侵害对方人身、财产权益的,受损害方有权选择依照本法要求其承担违约责任或者依照其他法律要求其承担侵权责任。

《合同法》第三百零二条 承运人应当对运输过程中旅客的伤亡承担损害赔偿责任,但伤亡是旅客自身健康原因造成的或者承运人证明伤亡是旅客故意、重大过失造成的除外。

前款规定适用于按照规定免票、持优待票或者经承运人许可搭乘的无票乘客。

39. 老年人购买保健品遭遇欺诈，怎样寻求救济？

小案例

今年年初，李奶奶接到一通电话，对方自称是北京某医学研究中心的工作人员，李奶奶成为他们健康讲座的幸运嘉宾，热情邀请李奶奶参加讲座，并称参加讲座还有礼物相赠。李奶奶想着自己在家闲着也是闲着，过去听听还有礼物可以拿，便去了。讲座当天，主办方送了茶叶、鸡蛋等礼物，工作人员也对李奶奶嘘寒问暖，得知李奶奶患有高血压后，便向其推荐了一款保健品，并称该保健品之前特供领导人使用，可以根治高血压，今年政策优惠才面向民间。今天购买不仅可以买十送三，如果感觉没有用，钱款包退。李奶奶在工作人员的不断劝说之下动了心，于是花了九千余元购买了该款保健品。回家之后，李奶奶试吃了一个疗程，发现血压不仅没有降低，反而头晕得更严重了。意识到自己受了骗的李奶奶应该如何寻求救济呢？

根据我国《食品安全法》相关规定，声称具有特定保健功能的食品不得对人体产生急性、亚急性或者慢性危害，其标签、说明书不得涉及疾病预防、治疗功能，内容必须真实，应当载明适宜人群、不适宜人群、功效成分或者标志性成分及其含量等；产品的功能和成分必须与标签、说明书相一致。

工作人员向李奶奶吹嘘保健品具有治疗功效，诱骗李奶奶掏钱购买，造成李奶奶头晕的症状。因此，李奶奶可以根据《食品安

四、风险防范篇

全法》的规定,向组织该次活动的组织者要求索赔。如果找不到组织者,李奶奶可向卫生局、食药监局及工商局举报,请求追回被骗钱财。

同时,根据《中华人民共和国刑法》第二百六十六条规定,以非法占有为目的,用虚构事实或隐瞒真相骗取数额较大的公私财物的行为就构成诈骗。因此,为维护自身合法权益、追回被骗钱财,李奶奶除了向有关政府部门举报外,还应向公安机关报案。

小贴士

老人怎样才能预防保健品诈骗呢?
(1) 不轻易参加所谓的健康讲座,认准正规保健品;
(2) 警惕以"免费""赠品"为噱头的推销陷阱;
(3) 正确认识和理性挑选保健食品,切勿以保健品替代药物进行治疗;
(4) 坚持品质消费,按需消费,主动索取购物凭证。

40. 为什么老年人就医时要防范「医托」诈骗？

所谓"医托",就是医疗骗子,经常混迹于医院挂号处、门诊大厅、大药房等地,用欺骗的方法把患者带至"合作"的医疗机构看病,骗取患者钱财。

一些老年人虽然与子女同住,但因为他们工作繁忙、对老人关心较少,或者子女远在他乡,这类老年人内心对亲情充满渴望。这个时候如果有人像亲人一般嘘寒问暖、关怀备至,老年人的心理防线就会被轻易攻破,掉入骗局而浑然不知。"医托"们深谙老年人的心理,故易将目标人群定位于急于就医的老年患者、疑难杂症患者以及追求养身保健的老年人,老年人对社会信息摄入较少,相对容易受到虚假宣传的迷惑,经"医托"的鼓动而掉入"诊疗"圈套。老人上当受骗后不仅在经济上遭受损失,有的还会延误病情,在身体和精神上也受到创伤。

因此,老年人一定要增强自我防范意识,就诊时不要偏听偏信陌生人关于治疗效果"立竿见影,诊疗费用优惠"等说辞,对于无缘无故搭讪的好心人、病友,一定要多留个心眼。如果有必要,可要求子女或其他家属陪同就医,就医后要将病例、药品等就医诊疗材料保存好。一旦发现上当受骗,要及时报警,配合公安部门对"医托"犯罪行为的查处。

四、风险防范篇

小贴士

如何识别和防范"医托"？

"医托"的主要骗术有套近乎、现身说法、移花接木3种。作案对象一般选择女性、老人和农村病患。他们常以病友身份推荐莫须有的医院和医生，兜售"特效药"，以便使自己的言辞更具说服力和欺骗性。"医托"猎取目标时，习惯装成患者模样。

警方提醒广大市民，防范"医托"诈骗行为要克服"病急乱投医"的心理，看病时碰到陌生人搭讪应当不予理睬。在医院就医时遇到困难，应及时向医院门诊咨询台工作人员询问解决，不要轻信他人的花言巧语。遇到"医托"纠缠不休时，马上拨打110报警或通知医院保卫部门。

41. 老年人应该怎样防范金融诈骗？

随着金融手段和理财产品的多样化，金融诈骗的花样也不断翻新，而老年人往往成为金融诈骗犯罪行为的首选对象，越来越多的金融诈骗将目标锁定老年人，且金融诈骗手段越发"高明"，使得本身防范意识较弱的老年人防不胜防。

小案例

一位老先生到某行网点要求办20万的汇款。柜员见汇款金额巨大，就提高了警惕，把情况汇报给大堂经理。大堂经理向老先生进行询问，老先生着急地说自己接到了儿子被绑架的电话，对方要20万钱，还要求不许给儿子打电话、不许报警，否则撕票。大堂经理意识到这是一起金融诈骗，一边耐心劝阻老人，一边派人紧急联系老人的儿子。直到老先生听到儿子的声音时，这才相信自己是被骗了。

目前最为常见的针对老年人的金融诈骗，就是通过冒充法院、公安局等单位的工作人员，以各种带有威胁性的理由，要求受骗人往指定的账户付款，达到诈骗的目的。此外，理财产品的虚假宣传，在办理房贷过程中的各种"忽悠"，也比较常见。其实很多诈骗手段看起来都很低级，主要是和老年人防范意识不强、防范金融诈骗的能力不强有很大的关系。

因此，防范金融诈骗，首先要从提升老年人的自我防范意

识做起。一是老年人对上门推销或免费赠送的产品要谨慎;二是要鼓励老年人平时多关注新闻媒体、社区内的黑板报宣传等,了解当前多发的各类诈骗手法,提高警惕,加强对诈骗伎俩的识别能力;三是远离可疑人员;四是对要掏钱的事情坚决要缓做;五是不轻易参加公司提供的讲座等。当然,更为重要的是,子女平时要多关心老人,经常同老人保持联系,多给老人讲一些金融事件和金融基础知识,增强老人的防范能力。当老年人遭遇金融诈骗时,也应该及时拨打 110 电话报警,或是向自己的子女求证、求助、求援。

小贴士

《人民警察法》第二十一条 人民警察遇到公民人身、财产安全受到侵犯或者处于其他危难情形,应当立即救助;对公民提出解决纠纷的要求,应当给予帮助;对公民的报警案件,应当及时查处。

42. 为什么饲养宠物的老年人，要特别防范宠物伤害他人？

由于家庭结构的悄然变化，很多家庭提前进入"空巢"模式，宠物的陪伴使得老年人的生活变得愉快，因此不少老年人喜欢饲养宠物。但如果对宠物不注意管理，一旦发生宠物伤人的事情，就有可能引发纠纷。

小案例

孙老伯的老伴前几年去世了，儿子和女儿都在城里工作，孙老伯一个人在家呆得寂寞，便托人领了只狼狗来养。狼狗既能解闷，又可以看家护院。三月某天一早，孙老伯和往常一样，准备给院里的狼狗喂食，没想到因为他一时疏忽忘记锁上院门，这只狼狗窜出院子，将隔壁的张大娘一口咬住。等到孙老伯赶到时，张大娘已经晕了过去。经过医生诊断，张大娘的右小腿骨折，跟腱断裂，医疗费总计8万余元。

孙老伯养的狼狗咬人了，孙老伯的行为就属于我国法律规定的"饲养动物致人伤害"的特殊侵权行为。饲养动物致人损害案件与一般侵权案件不同，源于其归责原则是举证责任倒置和过失相抵原则，即由动物饲养人就受害人有过错或者第三人有过错承担举证责任。如果其能够证明过错在对方或第三方，即可减轻或者是免除自己所应承担的赔偿责任，否则动物饲养人就要承担损害赔偿责任。由于是孙老伯忘了关门而导致狼狗跑出引发的伤人事故，而且他也不能证明张大娘自身存在过错，因此孙老伯要依法承担对张大娘的赔偿责任。

四、风险防范篇

　　因此，老年人选择饲养宠物时，要按照所在地的相关行政管理条例对宠物进行登记。并做好安全保护措施，加强对宠物的管理和约束，防止宠物对其他人的伤害，造成不必要的纠纷。同时，老年人也应加强自我保护意识，对比较凶猛、有伤害能力的宠物要有防范意识，避免自己受到伤害。

小贴士

　　《民法通则》第一百二十七条　饲养的动物造成他人损害的，动物饲养人或者管理人应当承担民事责任；由于受害人的过错造成损害的，动物饲养人或者管理人不承担民事责任；由于第三人的过错造成损害的，第三人应当承担民事责任。

43. 为什么骂死老人也要承担法律责任？

俗话说,"骂死人不偿命"。很多人可能真的以为骂死人不用承担法律责任,但事实并非如此。特别是对年老体弱的老人而言,一旦遭到谩骂,一气之下,很可能诱发其他疾病而导致伤害甚至死亡结果的发生。

小案例

2006年11月8日,青岛市民毕某、陈某母女二人在延安路与广饶路路口与同乘购物班车的韩某因下车问题互相指责。继而,陈某、毕某推打并辱骂韩某,韩某亦与二人争执,至延安路一家药房门前,韩某因心脏病发作倒地……陈某见状即上前对韩某进行抢救,后韩某被送至医院经抢救无效死亡,陈某、毕某被当场抓获。

2007年3月,青岛市北区人民检察院以陈某、毕某犯故意伤害罪,向法院提起公诉。对公诉机关的指控,被告人陈某、毕某辩称,她们没有伤害韩某,是其心脏病复发导致死亡结果的发生。法院审理此案后认为,被告人陈某、毕某在主观上既没有伤害韩某的故意,客观上也没有故意实施伤害致死韩某的行为。但是,她们作为完全行为能力人,应当预见自己的行为可能导致韩某死亡的结果发生。陈某、毕某由于疏忽大意没有预见而致韩某死亡,韩某的死亡结果与陈某、毕某的行为之间存在刑法上的因果关系。二人的行为符合过失致人死亡罪的构成要件,因此以过失致人死亡罪,一审判处被告人陈某有期徒刑3年、缓刑5年,被告

人毕某有期徒刑 3 年、缓刑 3 年。同时,在案件审理过程中,被害人家属丁某、韩某向法院提出附带民事诉讼,要求被告人陈某、毕某赔偿医疗费、死亡赔偿金、误工损失等共计人民币 57 万余元。经法院调解,双方达成协议:由被告人陈某、毕某共赔偿原告人丁某、韩某损失人民币 25.5 万元。

小贴士

《刑法》第二百三十三条 过失致人死亡的,处三年以上、七年以下有期徒刑;情节较轻的,处三年以下有期徒刑。本法另有规定的,依照规定。

《刑法》第二百四十六条 以暴力或者其他方法公然侮辱他人或者捏造事实诽谤他人,情节严重的,处三年以下有期徒刑、拘役、管制或者剥夺政治权利。

五、邻里关系篇

44. 面对"广场舞"扰民应该怎么办？

随着城市居民生活水平的提高，人民群众的物质文化需求也不断提升。"广场舞"已成为退休老年人喜闻乐见的娱乐方式。然而，"广场舞"在给跳舞的人带来身心愉悦的同时，高音喇叭播放的音乐也成为"噪音"，影响甚至干扰了其他人正常的生活和休息。

小案例

周老先生家住小区靠生活广场一侧的楼内，本想着离生活广场近，不但购物便利，闲暇时也有场地散步打拳。没想到近年来"广场舞"风靡，每天傍晚不到七点，生活广场便挤满了人，几台音响轮番上阵。周老先生习惯早睡早起，一般晚上八点钟就准备洗漱上床，年纪大了睡眠也浅，声音稍大就会被惊醒。一个月下来，周老先生没有睡过一个安稳觉，人也消瘦了不少。周老先生很是困扰，不知该如何办才好？

应该说跳"广场舞"是老年人的权利，但前提是不能影响他人的正常生活和休息。因此，跳舞时音响的音量应当控制在法律允许的范围内。对于"广场舞"扰民的，可以要求公安机关予以制止；情节严重的，公安机关依法可对违法行为人给予行政处罚。

五、邻里关系篇

 小贴士

《宪法》第五十一条　中华人民共和国公民在行使自由和权利的时候,不得损害国家的、社会的、集体的利益和其他公民合法的自由和权利。

《环境噪声污染防治法》第七条　任何单位和个人都有保护声环境的义务,并有权对造成环境噪声污染的单位和个人进行检举和控告。

《环境噪声污染防治法》第四十五条　禁止任何单位、个人在城市市区噪声敏感建设物集中区域内使用高音广播喇叭。

在城市市区街道、广场、公园等公共场所组织娱乐、集会等活动,使用音响器材可能产生干扰周围生活环境过大音量的,必须遵守当地公安机关的规定。

《治安管理处罚法》第五十八条　违反关于社会生活噪声污染防治的法律规定,制造噪声干扰他人正常生活的,处警告;警告后不改正的,处二百元以上、五百元以下罚款。

45. 为什么老年人不应在小区公共绿化带内挖地种菜？

近年来，随着城市化的发展，大量原来在农村居住的老年人进城。他们习惯了农村的生活，看到小区的绿化地种花种树，觉得可惜了，于是便私下将公共绿地改建成自家的菜园，种上各种蔬菜瓜果，更有甚者圈地养鸡，臭气熏天，严重影响了小区的环境，也影响了邻里关系的和谐。

小案例

75岁的老蔡随儿子进了城，原本在乡下务农的他可闲不住。经过几日观察，老蔡发现小区里绿化带内常年杂草丛生，尤其到了夏天蚊虫特别多，想着与其让地里长着野草，不如栽种上蔬菜。老蔡甚至嫌城里的土不够肥，还特意回乡下拎了几只老母鸡圈在笼子里，准备捂了鸡粪当肥料。小区其他业主不堪鸡粪的臭味，一致将老蔡的种菜行为反映给居委会。

老蔡觉得很委屈，自己在小区公共绿化带内挖地种菜，不仅可以充分利用资源，还给小区带来丝丝绿意，这难道有什么不好？根据《物权法》等法律、法规相关规定，建筑区划内的绿地属于业主共有，要改变公共用地的形态和用途，应当由业主们共同来决定。更何况绿化地带属于小区配套的设施，是不得更改用途的。因此，对于老蔡私自毁绿种菜的行为，物业服务公司可以要求老蔡恢复原状；如果老蔡拒不改正的，其他小区业主可以向法院起诉，要求其改正。

五、邻里关系篇

小贴士

《物权法》第七十三条 建筑区划内的道路,属于业主共有,但属于城镇公共道路的除外。建筑区划内的绿地,属于业主共有,但属于城镇公共绿地或者明示属于个人的除外。建筑区划内的其他公共场所、公用设施和物业服务用房,属于业主共有。

《物权法》第八十三条 业主大会和业主委员会,对任意弃置垃圾、排放污染物或者噪声、违反规定饲养动物、违章搭建、侵占通道、拒付物业费等损害他人合法权益的行为,有权依照法律、法规以及管理规约,要求行为人停止侵害、消除危险、排除妨害、赔偿损失。业主对侵害自己合法权益的行为,可以依法向人民法院提起诉讼。

46. 为什么居住在高层的老年人特别要注意不能高空抛物？

不少居住在高层建筑的老年人腿脚不便，但有时为了倒垃圾等事情要跑上跑下，有些老人为了贪图方便，往往随手将垃圾从楼上直接抛下。这种高空抛物的行为不仅违反社会公共道德，也会对他人的人身和财产安全造成威胁。

小案例

吴大爷和其老伴都年过八旬，两人都患有风湿病，腿脚不便。偏偏现住的房子又是拆迁分来的安置房，吴大爷和老伴分在了六楼。两人膝下又没有儿女，倒垃圾就成为大难题。后来，吴大爷发现自己家厨房下面的过道经过的人并不多，过道附近就是绿化草坪，垃圾丢在草坪上也不影响道路通行。于是，每天中午时分，吴大爷都会收拾好一袋袋垃圾从厨房窗口抛出去。不巧有一天吴大爷抛垃圾时垃圾袋未扎紧，酱油瓶从口袋内滑出，将停靠在楼下过道的一辆轿车的挡风玻璃砸碎了。

高空抛物是一种危害公共卫生与公共安全的违法行为，如果造成他人财产损失，依法需要承担民事赔偿责任，一旦危及社会安全或是他人生命安全，严重的更会被追究刑事责任。虽然造成老年人高空抛物的原因有很多，但这些都绝对不是可以高空抛物的理由。一旦因高空抛物造成他人人身伤害或者财产损害的，不仅要承担民事赔偿责任，更有可能被追究刑事责任。因此居住在高层的老年人，切不可图一时的方便而从高空抛物。

五、邻里关系篇

小贴士

《侵权责任法》第八十五条 建筑物、构筑物或者其他设施及其搁置物、悬挂物发生脱落、坠落造成他人损害，所有人、管理人或者使用人不能证明自己没有过错的，应当承担侵权责任。所有人、管理人或者使用人赔偿后，有其他责任人的，有权向其他责任人追偿。

《侵权责任法》第八十七条 从建筑物中抛掷物品或者从建筑物上坠落的物品造成他人损害，难以确定具体侵权人的，除能够证明自己不是侵权人的外，由可能加害的建筑物使用人给予补偿。

47. 为什么老年人要积极参与社会活动？

早在1999年，政府就提出"老人融入社会，参与社会发展"的口号。社会公益活动和再就业是老年人参与社会发展的两条主要途径，但老年人再就业的机会毕竟有限，志愿服务等社会公益活动就成为老年人参与社会发展的最好道路。

小案例

一大早，退休的王女士便来到区图书馆。她打开大门，打水擦拭阅览室的桌椅，然后仔细翻阅借阅簿，将读者放错的书籍放回应该在的位置……王女士已经在区图书馆义务工作了一年多，社区每个月给她300元生活补助，钱虽少，但王女士却感到很充实愉快。王女士说，她退休后成日闷在家里，亲近的小姊妹不在一个区，并不能时常见面，有一天她看见小区居委会前面的布告栏贴着区图书馆招聘公益管理员，她觉得自己很适合。在和儿子、儿媳商量过后，王女士光荣上岗。公益管理员的工作并不辛苦，每天只要打扫下卫生、摆放书本、引导阅读人员保持安静，闲暇时自己也可以读书看报。王女士还在图书馆认识了许多老年书友，周末大家约着一起举办读书会，生活明显充实了不少。

老年人是社会的重要组成部分，有着丰富的工作经验和足够的人生阅历，是不可低估的社会资源和智力资源。老年人积极参与社会活动，不仅可以实现老年人再就业，改善老年人的经济条件，减轻家庭的经济负担，实现老年人的自身价值，而且老年人还

五、邻里关系篇

能通过参与社会活动充实自己,满足精神生活的需要。

小贴士

《老年人权益保障法》第六十八条　国家为老年人参与社会发展创造条件。根据社会需要和可能,鼓励老年人在自愿和量力的情况下,从事下列活动:(一)对青少年和儿童进行社会主义、爱国主义、集体主义和艰苦奋斗等优良传统教育;(二)传授文化和科技知识;(三)提供咨询服务;(四)依法参与科技开发和应用;(五)依法从事经营和生产活动;(六)参加志愿服务,兴办社会公益事业;(七)参与维护社会治安,协助调解民间纠纷;(八)参加其他社会活动。

六、社会保障篇

48. 为什么职工养老保险缴费年限不足可以补缴？

养老保险制度是国家用以保障老年人基本生活的。可以说领取养老金是每个公民的基本权利，但这之前也有一个相应的义务——即需交满15年养老保险的费用。但现实生活中，很多老年人在退休时才发现，自己不能享受养老保险待遇，就是因为养老保险缴费年限不足15年。

小案例

王阿姨是上海某企业会计，2016年5月王阿姨已满55周岁但还没退休，单位认为王阿姨已达到法定退休年龄而拒绝继续帮王阿姨缴纳养老保险。现在王阿姨到上海某社会保险管理处办理养老保险金的申请，但社会保险管理处告知王阿姨，其养老保险缴费不满15年，依法不予办理养老保险待遇。王阿姨可以补缴养老保险费至满15年吗？

根据相关政策规定，用工单位应当自行申报、按时足额为职工缴纳社会保险费，非因不可抗力等法定事由不得缓缴、减免。职工养老保险缴费年限不足，可以依法予以补缴。但在本案中，王阿姨年满55周岁，已到法定退休年龄，用人单位无法再帮王阿姨缴纳保险费。在这种情况下，王阿姨可以自行补缴养老保险费至满15年。

 小贴士

《社会保险法》第六十条　用人单位应当自行申报、按时足额缴纳社会保险费，非因不可抗力等法定事由不得缓缴、减免。职工应当缴纳的社会保险费由用人单位代扣代缴，用人单位应当按月将缴纳社会保险费的明细情况告知本人。

《社会保险法》第十六条　……参加基本养老保险的个人，达到法定退休年龄时累计缴费不足十五年的，可以缴费至满十五年，按月领取基本养老金；也可以转入新型农村社会养老保险或者城镇居民社会养老保险，按照国务院规定享受相应的养老保险待遇。

《老年人权益保障法》第二十八条　国家通过基本养老保险制度，保障老年人的基本生活。

关于实施《上海市城乡居民基本养老保险办法》若干问题处理意见的通知第四条有关补缴的规定……（三）补缴标准由参保人员按办理补缴费手续时当年的缴费标准自主选择。（四）补缴费不享受政府补贴。

49. 为什么子女不能擅自将老年人委托给养老机构照料？

随着老龄化社会的加剧，老龄健康产业的发展也越来越引起社会各方面的关注。各地养老机构的普及，为老年人老有所养提供了很好的场所。不少子女将父母送到养老院，希望能够给父母更好的照料；也有不少老人愿意选择养老院安度晚年。但也有一些家庭，在是否将老人送养老院的问题上意见不一、发生争执。

小案例

75岁的赵阿婆丧偶之后和儿子、儿媳住在一起，婆媳关系一直不睦。最近赵阿婆的儿子赵先生因公事出国1个月，赵阿婆在家与儿媳发生了一些摩擦，儿媳一气之下，擅自把赵阿婆送到了养老院。赵先生从国外回来后知道此事，非常气愤，立马把赵阿婆从养老院接了回去。赵阿婆的儿媳却感到很委屈，认为把婆婆送养老院也是为了她好。那么，儿媳妇这样做可以吗？

从法律上讲，赡养老人是公民的法定义务；从道德上讲，赡养老人也是社会公德的基本。居家养老是老年人养老的基本模式。当然，由于社会和家庭结构的变化，子女因工作等各方面的原因，无法给老人提供很好的照料。在这种情况下，将老人送到养老机构，由专人进行护理和照顾，对老人是有好处的。但必须注意的是，在是否去养老机构的问题上，最终决定权是在老人。因此，要送老人去养老机构，必须同老人充分沟通商量，征求老人的意愿。如果老人宁愿选择居家养老，不愿意去养老机构，是不能强迫将

六、社会保障篇

老人送养老机构的,更不能因为家庭矛盾而将老人"丢"到养老机构。本案中儿媳妇的做法,就是非常错误的,不仅有悖于家庭道德,而且也违反了法律的相关规定。

小贴士

《老年人权益保障法》第十三条　老年人养老以居家为基础,家庭成员应当尊重、关心和照料老年人。

《老年人权益保障法》第十五条　对生活不能自理的老年人,赡养人应当承担照料责任;不能亲自照料的,可以按照老年人的意愿委托他人或者养老机构等照料。

50. 为什么退休后被返聘老年人能继续领取养老保险金？

有些具有一技之长或是某些专业知识的老人，在退休之后又被单位返聘，每天照样上下班，领取相应的报酬。但由于他们实际上已经退休，并领取了养老金，现在又在原单位上班领取报酬，这样做其实等于领取了双份报酬。这种既拿工资、又拿养老金的做法合适吗？

小案例

王先生原为单位资深技术人员，在他退休后，由于单位技术研发需要，他又被单位返聘。王先生与单位签订了返聘协议，协议中约定王先生返聘期间的工资、福利待遇与在职职工一样享受。但在发放两个月工资后，用人单位认为王先生已经在领取养老保险金，故向王先生提出工资过高的异议，并在第三个月发放工资时扣除了王先生的部分工资。用人单位这一做法是否合法呢？

我国宪法第四十四条规定：退休人员的生活受到国家和社会的保障。这种保障在物质方面的具体体现，就是领取养老金。因此，养老金就是退休人员每个月领取的"福利"。而退休之后被原单位返聘，回到单位继续工作，并没有改变退休人员的身份。因此，尽管王先生在原单位领取了相应的报酬，但并不影响其继续领取养老金。另一方面，王先生与用工单位形成的是劳务关系，王先生为用工单位提供劳务获得报酬，与他因退休而获得法定的养老保险金也不矛盾。因此，王先生利用自己的才能，为用人单

位提供劳务,用人单位应当足额支付报酬。所以,用人单位扣除王先生部分工资的做法,显然是不对的。

小贴士

《劳动法》第七十三条 劳动者在下列情形下,依法享受社会保险待遇:(一)退休;……

《最高人民法院关于审理劳动争议案件适用法律若干问题的解释(三)》第七条 用人单位与其招用的已经依法享受养老保险待遇或领取退休金的人员发生用工争议,向人民法院提起诉讼的,人民法院应当按劳务关系处理。

51. 为什么职工退休后确诊职业病也算工伤？

职业病是指企业、事业单位和个体经济组织的劳动者在职业活动中，因接触粉尘、放射性物质和其他有毒、有害物质等因素而引起的疾病。如果职工在退休后才发现和确诊为职业病又该怎么呢？

小案例

自1990年起一直到2014年，蔡某就职于某石棉厂，从事石棉制品工作，在工作期间接触大量石棉粉尘。2015年9月，满60周岁的蔡某办理了离厂退休手续，但在离厂时石棉厂并没有依照相关规定为蔡某做离职前的职业健康检查。2016年初，蔡某感到身体不适，先后就诊于上海的几家三甲医院，经医院诊断为腹膜恶性间皮瘤。2016年5月16日经上海市职业病防治院诊断为职业性肿瘤（石棉所致间皮瘤）。

从工作性质、工作环境可以判断，蔡某属于接触职业病危害作业的劳动者。依照我国相关法律规定，用人单位对接触职业危害作业的职工，在终止、解除劳动合同时或者办理退休、退职手续前，应当进行职业健康检查，并将检查结果告知职工。被确诊患有职业病的，应办理工伤认定、劳动能力鉴定、待遇核定手续，并按规定享受工伤保险待遇。职工离休、退休、退职后被确诊为职业病的，可以按规定享受工伤医疗待遇。但申请认定工伤的时间需在自被诊断、鉴定为职业病之日起1年之内。因此，蔡某虽然已经退休，但应当享受工伤医疗待遇。

六、社会保障篇

小贴士

《工伤保险条例》第十七条 职工发生事故伤害或者按照职业病防治法规定被诊断、鉴定为职业病,所在单位应当自事故伤害发生之日或者被诊断、鉴定为职业病之日起30日内,向统筹地区社会保险行政部门提出工伤认定申请。遇有特殊情况,经报社会保险行政部门同意,申请时限可以适当延长。用人单位未按前款规定提出工伤认定申请的,工伤职工或者其近亲属、工会组织在事故伤害发生之日或者被诊断、鉴定为职业病之日起1年内,可以直接向用人单位所在地统筹地区社会保险行政部门提出工伤认定申请。

《职业病防治法》第三十六条 ……对未进行离岗前职业健康检查的劳动者不得解除或者终止与其订立的劳动合同。

52. 退休人员的基本养老金应该如何计算？

养老金又称退休金，是国家按照社会保险制度规定，在劳动者年老或丧失劳动能力后，根据他们对社会所做出的贡献和所具备的享受养老保险资格或退休条件，按月或一次支付给货币形式的保险待遇。

1. 基本养老金计算公式

基本养老金月标准＝(参保人员退休时上一年度当地职工月平均工资＋本人指数化月平均缴费工资)÷2×个人累计缴费年限×1%。

(1) 本人指数化月平均缴费工资＝参保人员退休时上一年度全省职工月平均工资×本人平均缴费工资指数；

(2) 参保人员本人平均缴费工资指数是指从1995年起至退休上一年度本人历年缴费工资指数的平均值。参保人员当年缴费工资指数为本人当年缴费工资额与当年全省职工平均工资的比值。计算公式如下：

本人平均缴费工资指数 ＝ $(a_1/A_1 + a_2/A_2 + \cdots + a_n/A_n) \div N$。

①$a_1, a_2, \cdots, a_n$ 为参保人员退休前 $1, 2, \cdots, n$ 年本人缴费工资额；②$A_1, A_2, \cdots, A_n$ 为参保人员退休前 $1, 2, \cdots, n$ 年全省职工平均工资；③N 为企业和职工实际缴纳基本养老保险费的年限。

(3) 参保人员缴纳基本养老保险费年限计算至规定退休年龄为止。

2. 个人账户养老金计算公式

个人账户养老金月标准＝本人个人账户储存额/计发月数。

(1) 其实个人账户就是个人上班时每个月扣的部分本金及利息之和,如果是灵活就业人员或者个体工商户的话,就是个人缴费的 40%。

(2) 计发月数为:50 岁退休的话是 195 个月,55 岁退休是 170 个月,60 岁退休是 139 个月。

> 例如:上海一名男职工在 2016 年时年满 60 岁退休,上海上年度(2015 年度)在岗职工月平均工资为 5 939 元。累计缴费年限为 15 年时,个人账户中有 50 000 元,本人平均缴费指数为 0.75。那么,他的基础养老金 = (5 939 元 + 5 939 元 * 0.75) ÷ 2 * 15 * 1% = 779.49 元,他的个人账户养老金 = 50 000 元/139 = 359.71 元。上列两项合并,他的月基本养老金为 779.49 元 + 359.79 元 = 1 139.20 元。

小贴士

《社会保险法》第十五条　基本养老金由统筹养老金和个人账户养老金组成。基本养老金根据个人累计缴费年限、缴费工资、当地职工平均工资、个人账户金额、城镇人口平均预期寿命等因素确定。

图书在版编目(CIP)数据

权益保障/殷啸虎,邹小新主编;上海科普教育促进中心组编. —上海:复旦大学出版社:
上海科学技术出版社:上海科学普及出版社,2016.9
("60岁开始读"科普教育丛书)
ISBN 978-7-309-12540-5

Ⅰ. 权… Ⅱ. ①殷…②邹…③上… Ⅲ. 老年人权益保障法-中国-通俗读物
Ⅳ. D922.7-49

中国版本图书馆 CIP 数据核字(2016)第 208460 号

权益保障
殷啸虎 邹小新 主编
责任编辑/梁 玲

复旦大学出版社有限公司出版发行
上海市国权路 579 号 邮编:200433
网址:fupnet@fudanpress.com http://www.fudanpress.com
门市零售:86-21-65642857 团体订购:86-21-65118853
外埠邮购:86-21-65109143
浙江新华数码印务有限公司

开本 889×1194 1/24 印张 5.25 字数 87 千
2016 年 9 月第 1 版第 1 次印刷

ISBN 978-7-309-12540-5/D·838
定价:15.00 元

如有印装质量问题,请向复旦大学出版社有限公司发行部调换。
版权所有 侵权必究